中华 爱国 人物故事

ZHONGHUA AIGUO RENWU GUSHI

投笔从戎敢入虎穴的班超

冯 吉 李凤村 编著

吉林人民出版社

图书在版编目(CIP)数据

投笔从戎敢入虎穴的班超 / 冯吉,李凤村编著. --
长春:吉林人民出版社,2011.5
(中华爱国人物故事)
ISBN 978-7-206-07890-3

Ⅰ.①投… Ⅱ.①冯… ②李… Ⅲ.①班超(32~
102) - 生平事迹 - 通俗读物 Ⅳ.①K827=34

中国版本图书馆 CIP 数据核字(2011)第 075816 号

投笔从戎敢入虎穴的班超

TOU BI CONG RONG GAN RU HUXUE DE BAN CHAO

编　　著:冯　吉　李凤村
责任编辑:葛　琳　　　　　　　封面设计:七　洱
吉林人民出版社出版 发行(长春市人民大街7548号　邮政编码:130022)
印　　刷:鸿鹄(唐山)印务有限公司
开　　本:670mm×950mm　　　1/16
印　　张:8　　　　　　　　字　数:70千字
标准书号:ISBN 978-7-206-07890-3
版　　次:2011年5月第1版　　印　次:2023年6月第4次印刷
定　　价:35.00元

如发现印装质量问题,影响阅读,请与出版社联系调换。

总 序

胡维革

　　《中华爱国人物故事》是一套故事丛书。它汇集了我国历史上80位古圣先贤、民族英雄、志士仁人、革命领袖、先进模范人物的生动感人史迹，表现了作为中华民族优秀传统的伟大的爱国主义精神。

　　爱国主义是人们对于"生于斯、长于斯、衣食于斯"的祖国的一种神圣感情，是人们对于自己民族的一种强烈的责任感和使命感，是感召和激励整个中华民族的一面永不褪色的旗帜。在漫长的历史上，爱国主义一直激励着中华儿女为祖国的独立、统一、进步和繁荣而英勇奋斗。从伟大的思想家教育家孔子到统一全国的千古一帝秦始皇，从秉笔直书著《史记》的司马

迁到鞠躬尽瘁死而后已的诸葛亮,从伟大的浪漫主义诗人李白到精忠报国的民族英雄岳飞,从七下西洋传播友谊的郑和到抗击倭寇的民族英雄戚继光,从苟利国家生死以的林则徐到为变法流血的第一人谭嗣同,从威震敌胆的抗联将军杨靖宇到人民音乐家聂耳与冼星海,从踏遍青山人未老的李四光到万婴之母林巧稚,从县委书记的好榜样焦裕禄到情系雪域献身高原的孔繁森……都表现出了强烈的爱国主义精神。正是由于热爱祖国的人们前仆后继地奋斗,国家和民族才得以生存,历经一次次历史危急关头而能转危为安,走向兴盛和富强,从而屹立于世界民族之林。爱国主义是鼓舞中华儿女历经忧患、跨越沧桑、百折不挠、自强不息的伟大力量,它贯穿于中华民族的整个历史,并有力地凝聚着五洲四海的中国人。

爱国主义是一个历史的范畴,在社会发展的不同阶段、不同时期有着不同的具体内容。革命时期,需要我们为祖国的独立自主出生入死;建设时期,需要我们为祖国的繁荣富强增砖添瓦;在全国各族人民团结一心建设富强、民主、文明、和谐的社会主义现代化国家的今天,我们要争做一名新时期的爱国者。新时期的爱国者要有强烈的民族自尊心和自豪感。民族自尊心和自豪感是任何时期任何爱国者都必须具备的情感。民族自尊心能增强我们自立向上的恒心,民族自豪感能树立我们建设祖国的信心。要树立"祖国高于一切"的崇高信念,为了祖国和人民的利益不惜抛却个人的利益,甚至不惜牺牲个人的生命。要树立终身学习的理念,拓

宽自己的知识面,广泛吸收新知识新技术,完善自身的知识结构,更新学习知识的方法与理念,从思想上、知识上充分武装自己,为祖国的繁荣昌盛贡献力量。

爱国主义思想的继承和发扬,是关系到民族盛衰、国家兴亡的根本问题。一代代人爱国主义思想情操的形成,需要不断地培养。培养爱国主义的一个重要途径是向爱国主义的英雄人物和典范事迹学习。这套丛书的出版,对于人们向英雄和先进人物学习,特别是对于在中小学生中进行爱国主义教育,将可提供一些生动的教材。祝愿此书出版发行成功,为培养"四有"新人做出贡献。

于 2011 年 4 月 23 日

世界读书日

中华爱国人物故事

编 委 会

策 划: 胡维革　　吴铁光

　　　　林　巍　　李达豪

主 编: 胡维革　　邢万生

副主编: 贾淑文　　吴兰萍

编 委:（按姓氏笔画为序）

　　　　于二辉　　门雄甲

　　　　刘士琳　　刘文辉

　　　　孙建军　　李相梅

　　　　李艳萍　　杨九屹

　　　　谷艳秋　　陈亚南

　　　　隋　军　　韩志国

目 录
CONTENTS

目录。
CONTENTS

少年大志，投笔从戎

公元33年，一个男婴——即后来的西域征服者——班超降生在关西地区一个儒者之家。这一家的始祖可以追溯到春秋时期楚国的令尹（宰相）子文。在楚语中，

班超画像

"班"这个字的本意是
"老虎"（这可能是因为
老虎斑斓的花纹），传说
这个家族的始祖子文是
被一只母虎喂养大的。
这也许暗示了这一族人
内在的勇猛弘毅的素质。
秦灭楚后，子文的后代
迁往北方的边境晋、代
之间，从此以班为姓氏。

班彪

这一家出过很多"任侠雄边"的人物，后来，班固因此
不无自夸地说自己的家族"家本北边，志节慷慨"。然而
到了此时，这种素质已被掩藏在修身养性的儒家礼仪之
下。关西素以民风刚健，好勇斗狠而著称。

　　班超，字仲升，出生在扶风平陵的一个文学世家。
其父班彪深通文史典籍，才高而好学，曾经做过大官僚
窦融的从事，劝告过窦融归向光武帝。因为他为东汉的
统一事业出了力，所以光武帝叫他做徐令，以后又做了
司徒椽和望都长。班彪很喜欢经史文献，曾经续大史家
司马迁的《史记》，写了几十篇西汉人物传记，称为《史
记后传》，或简称为《后传》。

　　班超的大哥叫班固，妹妹叫班昭，他们兄妹三人深

班　固

受父亲影响，都爱好经史，经常聚在一起读有名的《公羊春秋》一书。该书的作者是春秋时代的公羊高，它同左丘明的《左氏春秋》和谷梁赤的《谷梁春秋》，同为重要的历史著作。它的特点是简明扼要，重视释史，既有历史材料，又有理论分析，很能启发人的思想，增长人的见识。无疑地，班超喜欢研读它，对班超产生了很大影响。

　　《公羊传》亦称《春秋公羊传》《公羊春秋》，是专门解释《春秋》的一部典籍，其起讫年代与《春秋》一致，即公元前722年至前481年，其释史十分简略，而着重阐释《春秋》所谓的"微言大义"，用问答的方式解经。《公羊传》的作者公羊高，他受学于孔子弟子子夏，后来成为传《春秋》的三大家之一。《公羊春秋》作为家学，最初只是口耳相传，至公羊高的玄孙公羊寿（汉景帝时人）方与齐人胡毋生（《汉书》作胡母生，复姓胡毋或胡母，名子都，生是"先生"的意思）合作，将《春秋公羊传》定稿"著于竹帛"。所以《公羊传》的作者，班固《汉书·艺文志》笼统地称之为"公羊子"，颜师古说是公羊高，《四库全书总目》则署作汉公羊寿，说法不一。但比较起来把定稿人题为作者更合理一些。《公羊传》的体裁特点，是经传合并，传文逐句传述《春秋》经文的大义，与《左传》以记载史实为主不同。《公

班昭

羊传》是今文经学的重要经籍，历代今文经学家时常用它作为议论政治的工具。同时它还是研究先秦至汉间儒家思想的重要资料。后世注释《公羊传》的书籍主要有东汉何休撰《春秋公羊解诂》、唐朝徐彦作《公羊传疏》、清朝陈立撰《公羊义疏》。

少年时代的班超读书很用功，志向也很远大；他善于辩论，不讲究生活细节，做事却很谨慎小心；还能孝顺父母和参加体力劳动。

在封建社会里，出身于地主知识分子和官吏家庭的子女，孝顺父母是很自然的事，但参加体力劳动却是很少有的事情。在他们看来，体力劳动是一种贱事，因而参加体力劳动也是种耻辱，班超的看法却不是如此，他只要有机会就去参加劳动，不怕劳累，因此得到了身体上的锻炼，长得特别健壮结实。

但相比他那天才早慧的哥哥及妹妹，他被称道的美德只是对长辈孝敬恭谨和不辞劳苦，在学问方面似乎略逊一筹。而他的不修细行、疏朗豪迈更使他成为家族中的另类。

班超的长兄班固，承袭了父亲的文学细胞，九岁便能属文诵诗赋，及长，更是通古博今，博贯载籍。少年的班超对经史的兴趣远不如他的哥哥那么大，倒是对兵法战阵域外地理这些颇感兴趣。

公元54年，班超21岁时，班彪在望都病逝。父亲死后家庭生计陷入困境，班超也只好和一家人一起回到了平陵老家守孝。穿麻戴孝地度过忧凄的岁月。

在此期间，班超的哥哥班固翻阅亡父的遗书和遗稿，心中发出无限的感慨，以感慨之余又

班氏三兄妹读《公羊春秋》

继之以追慕，在追慕之中，竟然动起笔来，对遗稿《后传》进行修改，想使它更加全面、充实一些。谁知他的这一举动却被人告发，关进牢狱。因为《后传》已经被定为国史，不经朝廷允许，不能修改；如果有谁擅自修改，那便是有意篡改，要受到严查法办，年轻的班固哪里知道朝廷的这个规矩呢？

班固被关在京兆郡的牢狱里，家里的书籍全被抄走，班超很着急，怕大哥受到严刑拷打而致死，因为不久前

有个名叫苏朗的人，就是因为臆造图谶的文字之罪，受到严刑拷打死在牢狱里。他的母亲和小妹班昭自然也很着急。面对大哥蒙受的不白之冤，班超虽然知道为他鸣冤的行动非常冒险，搞得不好，就会与大哥同罪，但他还是壮着胆子，写了个奏章给皇帝，替大哥申诉冤情。

汉明帝召见了他，听毕了班超的陈述，了解了事情的来龙去脉，又看了下面呈送上来的被班固修改过的史稿，并没有发现有什么有意篡改的地方，反倒是觉得班固才华出众，把书稿修改得很好。班超的冒死上书不但使得哥哥得释，而且也给了明帝一个很好的第一印象。明帝任命班固为兰台令史，专门负责管理朝廷的图书。

汉明帝刘庄

兰台：汉代中央档案奠基库，位于宫中，隶属于御史府，由御史中丞主管。置兰台令史，"掌图书秘书"。兰台典藏十分丰富，包括皇帝诏令、臣僚章奏、国家重要率律令、地图和郡县计簿等。东汉明帝时任班固为兰台令史，以后一批著名学者先后任兰台令史，他们在兰台管理档案、典教秘书、撰写史书。兰台对后世影响是很大的。由于班固曾任兰台令史，后世称史官为兰台。又因兰台是修史机构，后世把史官机构亦称兰台。因兰台典藏档案最初为监察弹劾百官之用，故后世也称御史台为兰台。

因祸得福的班固，当然很感激汉明帝，同时也很感激自己的弟弟。班固在工作之余，与别人合作，写成了有关汉光武帝的传记，篇名叫《世祖本记》汉明帝知道以后，要去看了一遍，认为班固很有学问，便于永平五年（公元62年），提拔班固为朝廷校书郎，负责校对秘

汉明帝刘庄

藏古书的工作，班固的这二次任职，都给班超创造了很好的学习和研究条件。

因妹妹班昭已经出嫁，班超同母亲随着哥哥一道来到了东汉帝国的都城洛阳。哥哥做校书郎所得的俸禄微薄，全年只有一百石谷子。而洛阳的物价水平却很高，为了缓解家庭紧张的经济状况，班超只好凭借大哥的关系，"为官佣书"，即接受官府雇佣，从事抄抄写写的工作，用抄写的薄酬来添补家用，以减轻大哥的负担。抄书的工作不过是依样画葫芦而已，毫无创造性，并没有什么意思，心有大志的班超深感苦闷。一日，班超在抄袭了冗长的文章后再也压抑不住心中的郁闷，奋而辍笔起身感叹道："大丈夫无它志略，犹当效傅介子、张骞立功异域，以取封侯，安能久事笔砚间乎？"与他同抄书的左右诸人都窃笑，以为他在说大话。班超对左右的嘲笑并不放在心间，只是笑着对左右说："小子安知壮士志哉！"

张骞（约公元前164—前114年），汉族，字子文，汉中郡城固（今陕西省城固县）人，中国汉代卓越的探险家、旅行家与外交家，对丝绸之路的开拓有重大的贡献。开拓汉朝通往西域的南北道路，并从西域诸国引进了汗血马、葡萄、苜蓿、石榴、胡桃、胡麻等等。

经过一段时间后，班超大哥班固又写成了28篇历史

张骞

著作，上奏给汉明帝，明帝非常满意，便叫他完成所要写的全部历史著作。此后，班固便花了20多年的时间，写成了西汉时期的国史——《汉书》，后人称之为《前汉书》，被列为二十四史中的一部。班固也就因此而成为我国著名的历史学家。

《汉书》，是中国第一部纪传体断代史。《汉书》是继《史记》之后我国古代又一部重要史书，与《史记》《后汉书》《三国志》并称为"前四史"。《汉书》全书主要记述了上起西汉的汉高祖元年（公元前206年），下至新朝的王莽地皇四年（公元23年），共230年的史事。《汉书》包括纪12篇、表8篇、志10篇、传70篇、共100篇，后人划分为120卷，共80万字。

前汉书

不久，班超听说洛阳城内有一位善相面的老者，便赶去拜访。老者注视了班超许久后对他说："祭酒，布衣诸生耳，而当封侯万里之外。"班超赶忙问老者为什么这样说。老者指着班超的面容徐徐地说:"生燕颔虎颈,飞而食肉,此万里侯相也。"

又过了一阵时间,明帝去兰台察看班固脩撰史书的情况,看到班固,明帝突然记起了当年冒死上书陈述班固冤情的班超来,就问班固:"卿弟安在?"班固如实地将班超在官府抄书养家的事情告诉了明帝,明帝想了想,就对班固说,"那就让他做兰台令史,管理国家的图书吧。"

班超的兰台令史没有当多久,就因为被其他的事情牵连而免官。在这以后,班超在家赋闲了一段时间,在这段时间内他倍感空虚、彷徨。他也反反复复地想了很多,他觉得他不能再在笔砚间消磨时间了。

碰巧在这个时候,东汉政府因同北匈奴关系紧张,

正在边境上招兵买马,囤积粮草,准备进行反击战争。班超心潮澎湃,思绪万千,很想前去充当一名保卫边疆的士卒。

生活在历史之家的班超,当然很

读书修志

汉高祖刘邦

熟稔历史，他知道早在秦始皇以前，在奴隶主控制下的
匈奴就是中原的劲敌，经常入侵我国边境，杀掠人畜，
抢劫财物，为害很大。所以秦朝统一中国后，要出兵反
击，要修筑长城，要派兵驻守。汉高祖曾被匈奴围困过
七天七夜，后来不得已才采取和亲政策，嫁送公主给匈
奴单于，使双方的关系缓和了一些，但还是不济于事。
汉文帝时期发生过边郡太守被匈奴杀害的事件。汉武帝
时候，为了解除匈奴对我国的两面包围，派遣了使者张
骞到西域去联合大月氏国夹击匈奴。这一目的虽未达到，
但多次派出的大军，都把匈奴打得大败，迫使匈奴退出

河西地区,使那里成为空地。汉朝政府就在河西地区开荒种地,积储军粮,派军驻守,使之成为国防要地。长期受到匈奴奴役的西域各国,看到形势的变化有利于恢复它们的独立和解除它们的痛苦,便纷纷派遣使者到汉朝来观光,对这个具有先进经济、文化的东方国家表示仰慕。汉武帝为了巩固大好形势,发展东西方的友好关系,也陆续派遣大批使者西去,还把公主嫁到乌孙国以推行"断匈奴右臂"的政策。汉宣帝时在西域设立都护,派出少数汉军,在那里主持联防,以打击匈奴保护东西方的交通要道——"丝绸之路"。

班超尤其熟悉东汉的历史。他知道匈奴由于内部矛盾而分裂为南北两部分:南匈奴归向中国,而北匈奴则继续侵扰我国。汉光武帝执行"安南定北"之策,让南匈奴入居中国境内,同中国一起抵御北匈奴,公元45年,有18个西域国家因不堪北匈奴的奴役剥削,派遣王子到洛阳来请求东汉政府派出都护,帮助它们赶走侵略势力。王子们流涕叩头,非常恳切。公元52年,北匈奴第二次到洛阳来试探东汉政府的意向,班超的父亲曾替政府写了义正词严的答词,答词的每个字都几乎刻在班超的心坎上。公元62年,北匈奴入侵中国,以致河西地区的郡县白天都要关上城门。

从历史上看,班超深刻地认识到:反击匈奴是保卫祖国的正义行动，西域国家也迫切希望从北匈奴的奴役、剥削下解脱出来，班超自己的凌云壮志可以在保卫祖国和解放西域的事业中得以实现。于是，他毅然丢下笔杆，到边境上去报名参军，充当一名保卫祖国的战士。这正是"投笔从戎"这个成语的典故所在。在大汉帝国的军队中，班超学习得很快，逐步成长为一名出色的中级军官。

冤胆龙威

公元72年12月，东汉政府派遣奉车都尉窦固带领一支大军驻屯河西凉州，班超就在这支大军里服役。

班超和窦固是同乡，双方有很好的私人感情。因为窦固就是窦融的侄子，窦氏家族是由于班彪的劝导才归附汉光武帝，因而免于灭绝得到兴隆的，所以窦固深感班彪的恩情，对班超倍加爱护，予以重用。

公元73年2月，正义的反击战争开始了，东汉政府命令44 000名精简骑兵，分四路出击北匈奴。窦固指挥12 000精锐骑兵从酒泉出发，突袭北匈奴的呼延王。

他们一路前进，来到祁连山脚下。北匈奴的呼延王率军在这里抵抗，一场大战即将来临。

班超观察了一下周围的地势，对窦固献计说："这里水源缺乏，我们要抢在水源头附近设营，以防军中无水自乱，而且水源头兼有居高临下之利，这样平时我们能

投笔从戒

清楚地观察敌情，打起仗来，我们也易于攻守。"

窦固听了后，心里很高兴，便采纳了他的建议，扎下了大营与匈奴军对峙。

接着班固又建议说："我们远道而来，而对方是以逸待劳。他们以为我们很疲惫，今晚必定会来偷营，我们不如将计就计，白天尽量休息，晚上在四周埋伏，留给他们一座空营，等敌人一进入空营，我们就可以一举将他们歼灭。"窦固采纳了他的建议，传令让士兵提前做饭休息，等到晚上好打仗。

　　果然不出班超所料，匈奴大队人马在深夜时前来偷袭，他们一听汉军营中鸦雀无声，还以为东汉士兵都在休息，便突然呐喊着冲入营地，可他们进入营地后，竟未见一兵一卒。他们这才知道中了计，正当准备撤退时，四周猛然间杀声震天，光照得如同白昼，东汉的军队从四面八方冲了进来，将匈奴军队团团围在中间，汉军勇猛冲杀，呼延王带领兵马一路向西逃窜。

　　在祁连山地区，汉军把呼延王打得大败。呼延王败走以后，部分汉军留在伊吾庐城（该城原属伊吾庐国，后被北匈奴灭掉）。东汉政府从北匈奴手中取得此城后，在那

窦固

里设置了宜河都尉，管理开辟田地、积储粮食的事情。

伊吾庐城成了东汉政府用以反击北匈奴的前沿阵地。东汉军队占领的伊吾庐，是一个重大胜利，因为伊吾庐在地理位置上是至关重要的。它在当时陆地上的位置有点像东南亚的马六甲海峡，它是匈奴侵扰汉朝和控制西域的必经之地。因此它就像一个咽喉一样处于东汉、匈奴和西域之间。东汉控制了伊吾庐，对匈奴无疑是个巨大的损失。因为这样一来既切断了匈奴同西域各国的联系，也牵制了匈奴进扰东汉的通道。

班超在这次战役中立了战功，得到窦固的嘉奖和赏识，被提拔为假司马。

假司马是候补的军司马或军司马的副手，汉代的制度规定：一个将军营分5部，每部设一个军司马。军司马是仅次于将军的具有指挥权的军官，其下有近3 000人的队伍。由此可知，假司马有很大的职权和很重要的军事地位。

匈奴人

班超这时已经42岁，正是精力充沛，经验丰富，才华横溢的时期，他欣然接受假司马的任命，单独带领一支人马向伊吾庐进发，配合窦固的主力军，绕道进攻北匈奴的白山部。

那时正是严寒的冬季，班超带领队伍急速前进，在

祁连山

伊吾庐以北的薄类海地区，和白山部在冰天雪地中展开大战。

经过这二次反击战，西域国家看到汉朝的力量很雄厚，给了北匈奴很沉重的打击，就又请求东汉政府去援助、解救他们。东汉政府经过考虑，同意了他们的请求，依照西汉的做法，重新设立西域都护的校尉，派出少数汉军，联合各国力量，共同对付北匈奴。这样，原来在北匈奴统治下的西域国家又开始归向中国了。

不入虎穴，焉得虎子！

汉朝军队大败匈奴后，窦固看到形势非常有利：匈
奴惨败后短时间不会恢复过来，这正是团结西域各国恢
复他们同汉朝友好关系的大好时机。他决定派出使者先

血战匈奴

鄯善古国出土的壁画

　　到西域最东边的鄯善国去开展这项外交活动。可是派谁去好呢？这项使命非常艰巨，并且西域这时还未摆脱匈奴的控制。所以去那里还有生命危险，派去的这个人必须智勇双全，有智无勇的人难承担这种风险；而有勇无谋的人在那种环境里肯定是完成不了任务的。想来想去，他想到了班超。

　　于是窦固叫来了班超，对他说："如今要给你一个非常艰巨的任务：我要把你派到鄯善国去，说服他们的国王，摆脱匈奴的控制，恢复同汉朝的友好往来，你觉得

敦煌壁画飞天

怎么样？"

班超听后，站起来一拍胸脯说："我早就盼着这一天了，您把这个任务交给我吧！我一定尽我所能，达到此次出使的目的。"

窦固听后非常高兴，问他准备带多少人马。班超回答说："这次出使凭的是大汉的声威和对西域的优抚政策，我们要取信于人，应该多事礼物，少带人马，以示和匈奴有别。"

窦固十分满意，就说："我给你准备36个随从，再派郭恂给你当辅助文官，你好好准备一下就出发吧，希望你不要辜负朝廷，也不要让我失望。"

　　为了巩固和发展已经取得的胜利成果，窦固认为需要派遣使者到西域各国开展外交活动，他经过认真仔细考虑，决定把出使任务交给班超和从事郭恂两人去完成。公元73年初夏，班超带领从事郭恂以及36名随从人员从敦煌出发，西出阳关，踏上了前往西域的路途。

　　自张骞通西域以来，汉朝充分认识到了控制西域所具有的"张汉家之左掖，断匈奴之右臂"的巨大战略意义，联乌孙、镇抚西域诸国，设立都护和屯垦兵团，匈奴的势力被逐步驱逐出了西域。自王莽乱政以来，匈奴乘机将势力重新渗透到西域，控制了西域诸国，挟持西域诸国与汉庭作对并且课以重税。光武帝建武十四年和

王莽

建武二十一年，西域各国苦于北匈奴和其仆从国的重敛和压迫，两次派使团要求东汉王朝重新派驻都护。光武帝以国家刚刚遭遇变乱尚未完全恢复实力的缘故，只得厚谢来使而谢绝其意。在发动大军出击北匈奴取得初步胜利后，东汉朝庭决心延续西汉的做法，在与西域隔绝60多年后派使团出使西域，并重新派驻西域都护，力图重新控制西域，联合各国力量，共同对付匈奴。因此，班超使团此次的出使，意义重大，关系到帝国重新构架的西域战略。班超深知这次行动的意义，无论对于他和东汉王朝来说，这次出使都只许成功，不许失败。

在现代人眼里，作为外交使节出使无疑是一件让人想想都为之心动，风光异常的事情。但是一千多年前的情况却不是这样，那时候的外交使节往往要冒着巨大的风险去执行使命，有时候甚至会丢掉性命。西汉一朝，便发生过数起外交使节被扣留或者被残忍地杀害的事件。因此，作为外交使节，不但要具有非凡的胆略和才干，而且还有敢于牺牲的勇气和大无畏的精神。班超的第一次出使，就完全印证了这一点。

班超一行人骑着马，牵着骆驼，走出玉门关时，他不由得感慨万分：眼前是一片茫茫的瀚海，到处是戈壁和沙漠，幽红色的远山死气沉沉地横卧着，地面仅有的骆驼刺，灰绿绿地一簇簇点缀着大地，不但增加不了生

沙漠骆驼

气，反倒让人感到凄厉荒凉，这里真是连春风都吹不到的地方啊！亲人在哪里，家乡又在何方？但是当他想到自己多年的愿望即将实现的时候，不由得内心一阵喜悦，给胯下的马加了一鞭。

班超使团的第一站是鄯善国。鄯善国，本名楼兰，《汉书·西域传》记载其"去阳关千六百里，去长安六千一百里"，它位于塔里木盆地最东面，是去西域的必经之路，也是南北两条丝绸之路的共同起点，位于西域南北两道的桥头堡位置，战略地位相当重要。

鄯善国同强大的东汉和匈奴相比，是很弱小的，因此它只有看风使舵，在两大强国的夹缝中生存。由于东汉前不久刚刚大败了匈奴，鄯善国一时不再受匈奴的威

向西域行进

胁，这里汉朝又派来使者，赠给他们丝绸茶叶作为礼物，所以鄯善国君臣对大汉使者很是欢迎。

在使团刚刚到达鄯善国的一段日子里，鄯善王广招待东汉王朝的使团相当殷勤，礼敬甚备。后来却越来越疏懈怠慢了。班超判断，一定是北匈奴的使者也到了鄯善国，于是，班超把负责招待他们侍者叫来，出其不意地问他："匈奴使来数日，现在何在呀？"，侍者一时间被问得惶恐不已，以为班超已经知道情况，只得将北匈奴使者到达鄯善的情况如实地告诉了班超。果然如班超所料，一只由一百多人组成的北匈奴使团已经到达鄯善多日。班超听完后就把侍者关起来，以防走漏消息。

他心中随即酝酿出一个大胆的计谋，但他料定从事郭恂必不敢从，所以就召集除了从事郭恂外所有部下共饮。酒壮英雄胆，班超看属下都喝得差不多的时候，把目前的情况告诉了大家，激励大家说："卿曹与我俱在绝域，欲立大功，以求富贵。今虏使到才数日，而王广礼敬即废；如令鄯善收吾属送匈奴，骸骨长为豺狼食矣。为之奈何？"众人高呼："今在危亡之地，死生从司马。"班超见势拍案而起，对众人说："不入虎穴，焉得虎子。当今之计，独有因夜以火攻虏，使彼不知我多少，必大震怖，可殄尽也。灭此虏，则鄯善破胆，功成事立矣。"属下中有人提出，是不是要找从事郭恂商量一下再行事呢？班超生气地说："吉凶决于今日。从事文俗吏，闻此必恐而谋泄，死无所名，非壮士也！"属下看到使团头领如此，胆气倍加，异口同声地同意了班超的意见。

是夜，班超带领着部属直奔北匈奴使团的营地。那天的晚上天恰好刮起了大风，班超命令十人持鼓藏在北匈奴使团的营寨后面，约定以火起为号，击鼓大呼。其余人则带刀枪持弓弩埋伏在寨门边。安排完毕后，班超乘着风势放火，顿时间北匈奴使团营地鼓噪大起，匈奴人不知所措，乱成一团，四下逃散。班超身先士卒，亲执兵刃斩杀3名匈奴人，部属吏士见到班超如此英勇，勇气大增，当场杀死包括北匈奴使团首领在内的30多

班超召集36个部下喝酒，并说："不入虎穴，焉得虎子！"

人，而北匈奴使团的其余人等，由于班超率众人把住寨门，皆不得脱，被活活烧死。这一战，班超率众以少击多（北匈奴使团有百余人之多），全歼北匈奴使团，而东汉使团却无一人伤亡。

第二天，班超就把昨天晚上攻杀北匈奴使团的事情告诉了从事郭恂，郭恂听罢先是大惊，而后色动。班超知道他动的什么心思，于是对他说："掾虽不行，班超何心独擅之乎？"表明自己无心独擅其功。郭恂果如班超先前所说，乃一俗吏而已，听罢脸色马上露出了笑容。于是班超找来鄯善王广，提着北匈奴使团的首领的首级给鄯善王广看，鄯善王和其臣下当即吓得面无人色。班超借机对鄯善王加以抚慰，晓以利害。在班超的恩威并施的手段下，鄯善王广表示愿意归顺汉王朝，并愿遣子入侍以表其心。

班超成功地完成了出使鄯善国的使命，带着鄯善王的质子率众回到国都洛阳，并将在鄯善国所发生的事情如实告诉窦固。窦固听完后大喜，赶忙上表陈述班超此行的经过和功劳，并请求明帝再选派使者再度出使西域，联络诸

班超带鄯善王的质子回到洛阳。

国。明帝看过表章，很欣赏班超的才干和勇气，下诏曰："吏如班超，何故不遣而更选乎？今以超为军司马，令遂前功。"于是班超升任军司马，得以被委任再次出使西域。窦固认为班超手下的人手不够，要给他多增派一点人，以防不测。而班超却谢绝了："愿将本所从三十余人足矣。如有不虞，多益为累。"

班超知道出使西域，随时随地有发生意外甚至牺牲生命的可能。而自己和36个部下已经经受过一次考验，早已把生死置之度外，就是出现了什么危险也不感到害怕。

诛巫师，降于阗，计定丝绸

    班超第二次出使的第一站是于阗（今新疆和田）。临行之前，窦固叫班超多带些人马，以防万一。班超回答说："只要原来的36人就足够了！"

    于阗位于丝绸南路的中间，是西域大国，有13个小国附属于它。于阗周围虽说是一大片富庶的绿洲，但北部的大沙漠严重地影响了这里的气候。一年四季里风沙大，雨水少。只要走出绿洲，就是遍地黄沙，上千里地不见人烟，连棵绿草都没有。而班超一行人正是明知路有险，偏向险路行。他们这一路全是沿着沙漠的南沿行进，时常有断水的危险，而断水就意味着死亡。再有就是风暴，风暴一来，漫天黄沙滚滚压来，刮得眼睛睁不开，其实就是睁开了，也什么都看不见。那风刮得人站立不住，可是要真躺下，非让沙丘给埋了不可。不过班超和他的36名壮士，已将自己的生死置之度外。从河西

渭城朝雨浥轻尘
客舍青青柳色新
劝君更尽一杯酒
西出阳关无故人

西出阳关

启程后，出阳关，越鄯善，经过 3 000 多里地的长途跋涉，总算到达了于阗国。

永平四年，于阗王广德两次攻莎车国，皆杀其王，控制了莎车国和南道。于阗始盛，西出阳关至疏勒的 13 个西域国家皆听从于阗国的号令，史书载：从南道至葱岭以东，唯鄯善国和于阗国为大。因此，北匈奴专门派驻使者驻在于阗国，妄图通过控制于阗进而控制整个南道。故而，班超使团选择了于阗作为出使的第一个目的地，就是要说服于阗国弃匈奴而从汉，进而恢复东汉王朝对天山南道的控制。

于阗国王供养像

班超使团经过长途跋涉到达于阗国后，却发现于阗国王广德倚仗着自己新近击破莎车和有北匈奴使团做靠山的缘故，并不把汉使团放在眼中，礼数甚是疏忽。

广德并不糊涂，明知匈奴不怀好意，因此想摆脱匈奴，只是苦于力量不足。如今听说大汉使者又来，真不知是祸是福。到底是靠匈奴抵制大汉，还是靠大汉赶走匈奴？弄不好两头受气，成了风箱里的耗子，日子可就更难过了。他苦苦思索着，一时拿不定主意。

就在这时候，在匈奴监护使的驻地，鬼鬼祟祟地溜进了一个人，他钻进使者的房间，关上房门，俩人头碰头地低声说起话来。"哎，汉朝的使者就要来了，你说说该怎么办啊？"那人低声下气地问。"来了又怎么样？"匈奴使者待答不理地说。"我想他们来一定是想让广德投靠汉朝，而且来的这个人是班超，听说他半年前在鄯善，我怕……""怕什么，有我在这儿呢！"

"万一广德想利用汉使压你呢？大汉朝可是很厉害呀。""没关系，这么大的事他能不求神吗？只要他求神，那不就……哈哈哈。""嗯，对，我明白了！"那人心领神会，面上也露出了喜色。他沉吟了一会儿，又说："不过，要是有什么事，你可要给我做主啊！""行了行了，你就放心去吧，天塌了有我顶着呢！"

所以，班超一行到达于阗国后。于阗王态度很狂妄，他简单地把班超一行的食宿安排好，就在班超面前大吹大擂自己是怎样打败莎车国的，还故意告诉班超匈奴派了监护使在这里等等。他一人滔滔不绝地说了半天，根本不容班超开口。班超对这一切早有准备，听后只是微微一笑，嘴上什么都没说。他清楚地看到，对方表面的狂妄实际是心虚。不过他也不想马上戳破他。他意识到现在时机还不成熟，如果直接要求于阗王归顺汉朝，肯定是不成的。他必须先等待，耐心地等待，找一个机会再给阗王一点颜色看看，到那时再跟他说正事，就肯定能完成使命了。于阗国有个风俗，就是非常信奉神。上至一国之君，下至普通百姓，做事都要问个吉凶。广德自己要干什么事，必先去找神巫，问清楚后再决定做不做。什么是神巫呢？那就是一些所谓能与神谈话、传达神的预言和指示的人。在处于原始迷信的民族中，神巫的地位极高，他们往往还垄断文化，帮助统治者实行愚民政策。他们在占卜时，乱蹦乱跳，装模作样地像是有鬼神附体。这会儿说的话，当然就是在传达神的意思了。广德和汉朝使者见面之后，心里更加拿不定主意，便去求教神巫。

广德见到神巫后说："神巫啊，如今汉朝使者已经到来，我真不知是吉是凶，来请您给看看。"这神巫听后便下起"法"来，他闭着眼上蹦下跳，嘴里念念有词。一会儿，他终于安定下来，突然睁开了眼说："天神发怒了，为什么要归附汉朝？汉朝的使者有一匹黑嘴的黄马，赶快把它牵来杀了祭天神，让天神消消气吧。"其实这完全是个骗局。这神巫就是那晚溜入匈奴使者驻地的人。他是匈奴使者早已收买好的奸细。匈奴正是通过他来暗

巫师

中控制广德的。广德虽然还蒙在鼓里，可班超他们已经了解了真相。

原来，神巫助手的父亲当年曾经受过汉使者的大恩，他们一家人始终盼着有一天大汉

能够帮助于阗驱逐匈奴。再说，匈奴使者和神巫经常不拿他当人看，他早就憋了一肚子气，这次神巫和匈奴使者密谋的情况，他已经悄悄告诉班超了。可广德听了神巫的话还信以为真，立刻派人去找班超要马。班超早已成竹在胸，便立刻对派来的人说："好吧，我可以把马交出来，不过，要请你回去跟神巫说一下，让他亲自来牵马。"

杀马祭天

派来的人走后，班超的手下对他说："这可能是个阴谋，我们干脆照上次在鄯善那样，想个办法把匈奴使者杀了算了！""是啊，国王听神巫的，神巫听匈奴使者的。要马是假，他们是想给我们一个下马威。"班超点点头说："我知道，咱们可以借这个机会先除掉神巫，再在国王面前揭露他的奸细身份；否则，他对咱们是块很大的绊脚石。""那咱们就准备一下吧。"班超的一个随从说。

"对，应该做好战斗的准备。"另一个附和着。"好，我们现在就安排一下，"班超说："你们要暗中佩好武器，装作什么事都没有一样，不要让神巫起疑心。如果动起手来，要干净利落，特别是一定要杀死神巫。"班超将一切布置就绪，在那儿坐好，就等着神巫自己送上门来了。过了不久，只见神巫身穿巫衣，头戴五彩高帽，手里拿

诛杀巫师

着巫杖，怪模怪样地走来了。后面还簇拥着一大帮人，乱哄哄地，都是想看热闹的。那神巫得意洋洋走到班超面前，正要开口说话。说时迟，那时快，班超拔出宝剑，只见一道白光闪过，

班超已出其不意地将神巫的脑袋砍了下来。这下可把那些跟着神巫来的人都惊呆了，班超在他们惊魂未定的时候，提起神巫的头，用宝剑指着说："看见没有？谁想跟他一样？嗯？那好，你们给我听好了，既然没人想跟他一样，就站在原地不要乱动，否则我的手下就不客气了。"

那些人往四周一看，几十个人手握宝剑，瞪圆了眼

睛紧盯着他们，一看这架势，他们全老实了，待在那儿一动不动。

班超接着说："神巫传达神的意旨，能够预知吉凶祸福；可他来我这里，事先竟然不知道要死，可见神并不信任他。我已知道，指使他的是匈奴使者，他欺骗你们的国王，阻止他与大汉修好。大汉皇帝是天神的儿子。是天神要我杀死他，为你们除害的。他这是罪有应得，与你们无关。只要大家回去劝说国王听从神的真正意旨，和大汉友好，我的手下现在不会伤害你们，以后还会和你们做好朋友。"

听了这番话，人们高高兴兴地一哄而散；其中几个有身份的人随着神巫的助手直接回到国王那里去禀报。跟着，班超也提着神巫的脑袋去见于阗王广德。广德一看班超提着神巫的脑袋来了，大惊失色。他曾专门派人调查过，知道班超文武双全，智勇过人，在鄯善国曾杀死了匈奴使者。他有点不知所措了，只是呆呆地盯着班超。

班超把神巫的头往他面前一递，说："我此行的目的并不是杀人，而是要恢复于阗同我国的友好关系，可是却有人从中作梗，想阻止我。神巫就是一个，他是为匈奴做事的奸细。我把他杀了，是给于阗除了害，也给破坏我们两国友好的人一点颜色看。我要是发现还有人想阻拦我，我也会毫不客气的。大汉朝土地肥沃，国富民

049

强。比起那匈奴不知要强大多少倍。但我们肯于同你们交好，并不想欺侮你们。但你们也不要因此而以为我们软弱可欺。你也知道我们已多次大败北匈奴，我们不对你们出兵，却派来使者，正是说明了我们的一片诚意，希望你能明白。"

　　广德听后，默默沉思了一会儿，他认为班超的话句句有理，决心依附汉朝反抗匈奴。他对自己原先的无礼感到很不安，便立刻向班超表示了歉意，还说第二天要正式设宴款待大汉使者。班超走后，神巫的助手向他揭露了神巫平日和匈奴使者勾结的事实，广德听后勃然大怒，立刻派兵把匈奴派来的监护使及其随从全杀掉了。第二天于阗王大宴汉使，第一件事便是向他们献上了匈奴使者的首级。班超看后心里知道他不会再动摇了，便把带来的金银珠宝、绫罗绸缎等礼品重赏了于阗王广德和他的臣子们。

于阗王不知所措

这样，丝绸南路的两个大国鄯善和于阗都摆脱了匈奴的控制，恢复了同汉朝的来往。在它们的影响下，西域南道的不少小国纷纷与汉朝通好，整个南道的形势已大为改观。至此，与汉庭隔绝65载的西域重新得以复通。在于阗住了一段时间后，班

设宴庆功

超看到两国的关系已经比较巩固，就准备离开于阗，前往疏勒（今新疆喀什）完成他的使命。

智平疏勒

疏勒位于于阗国西面，是南北"丝绸之路"西端的交汇点。汉朝要想和葱岭以西的国家来往，都必须通过疏勒。可见，如果疏勒与汉朝为敌，那么汉朝西去的交通实际上还是不通。位于丝绸北路的西域强国龟兹的国

向疏勒进军

王建是北匈奴的一条走狗。仗着有北匈奴支持，加上自己实力强大，便在西域横行霸道，为所欲为，疏勒国更是深受其害。龟兹无缘无故地攻破疏勒国，把国王成也杀了，却安排了一个叫兜题的龟兹人当疏勒的国王。从此，疏勒变成了龟兹人统治的一个附属国。细心的班超在于阗国就注意打听到了这些情况。他决心西去疏勒，利用疏勒人民的民族仇恨，除掉由龟兹人当的疏勒王，把疏勒国争取过来，以便控制东西往来的交通路口，确保"丝绸之路"畅通无阻。

永平十七年（公元74年），班超一行经过一番周密准备，从于阗出发了。他这次没有像往常一样打着汉使的旗号前进。为了给疏勒王来个措手不及，连大路都没

疏勒河

走。在当地人的协助下研究好地形，选了一条荒僻的小路偷偷进入了疏勒国，直到离疏勒国国都只有90里左右的地方才停下来。他考虑了一下疏勒国的形势：兜题的统治非常残暴，把疏勒人民当作奴隶，甚至想杀就杀。人民生活这么悲惨，之所以还没有起来反抗他，只不过是因为疏勒地小人稀，若反抗他必然会和龟兹冲突，那无疑是以卵击石，最后只有招致更大的灾难。尽管如此，兜题这统治者如同坐在火山口上，随时都有被推翻的可能。

想到这些，他心中已有了办法。他叫来了一个名叫田虑的部下。这人个子不高，身体很瘦，但却胆大心细，力大无穷，是班超的一个得力助手。班超先对他说了自己的分析，然后又嘱咐说："现在你带上几个勇士，从大路上走，去见兜题，直截了当地让他归顺，如果他不答应，就看好时机把他抓来，千万不可失误。"田虑答应了一声，挑上几个人便出发了。

他们到达了兜题居住的盘橐城。通报了名号，要求疏勒王接见。疏勒王听说后便出来接待，田虑开门见山，对疏勒王说清了来意，要求他归顺汉朝。兜题本来就觉得自己的靠山硬，不把汉使看在眼里，又见田虑生得瘦小，随从也只有几个，态度就更傲慢了几分，言语间没有一点归顺的意思。田虑见兜题蛮不讲理，便猛然迈步

活捉兜题

向前，右手唰地抽出宝剑，左手握住兜题的右腕，让他动弹不得，同时高声喊道："谁敢动一动，我就杀掉他！"他带来的几名随从同时涌上来，一边用宝剑指住兜题卫士的胸口，一边利索地把兜题用绳子捆了起来。

兜题周围那屈指可数的龟兹卫士一看这阵势，一个个又惊又怕，不但没有一个人敢上前救他，反而都躲了起来。田虑轻舒猿臂，抓起兜题，飞身上马，在几个随从壮士的簇拥下，快马加鞭地冲出盘橐，赶到了班超那里。

再说班超接到消息后立刻离开山路，亮出大汉使节的称号沿着大路来到疏勒国国都，在半路上迎着了田虑

盘橐城的浮雕

一行人。他们一到国都，就把疏勒国的所有文武大臣都召集在一起，这些人知道兜题被抓后，都非常高兴。疏勒人民更是欣喜万分，他们对汉朝派来的使者热烈欢迎。

班超对疏勒国的文武大臣和人民高声宣布："龟兹惨无人道，杀害了你们的国王，横行霸道，抢劫烧杀，无恶不作。我们这次来，就是要帮助你们为死去的国王报仇的。"疏勒臣民听到这里都齐声欢呼起来。

班超等群众的欢呼声稍停，便接着说："现在兜题已被我俘获。匈奴人和龟兹人再也不能骑在你们头上为所欲为了。可是国不可一日无君。你们从前死去的国王有没有子孙？应该推举一个做你们的国王。"疏勒的大臣听说要立自己人当国王，个个喜形于色，齐声说道："已故的国王没有儿子，只有他哥哥的儿子榆勒还活着。"班超听罢，便吩咐把榆勒叫来，把他立为疏勒王。并且给他起了个新名字叫"忠"。疏勒人民听了这个消息后，奔走相告，全国一片欢腾。在新王登基大典和狂欢活动结束后，疏勒君臣一致请求班超杀掉兜题，以平民愤。

班超对此早有考虑，他耐心地向大家解释说："这样一个无能的小人，杀了又有什么用？不如把他放回去，让他跟龟兹王说一下这里的情况，让龟兹知道大汉和疏勒有仁有义，靠的不是多杀人。"

兜题拜谢不杀之恩

　　其实班超是从大局出发，不想与龟兹为敌。因为汉朝的敌人是北匈奴，而不是龟兹。杀了兜题，龟兹就会与汉结仇，死心塌地地投靠北匈奴。这样不利于汉朝韵西域政策。大家听了后都觉得很有道理，便把兜题放了。兜题对班超更是千恩万谢，抱头鼠窜地逃回龟兹去了。

　　疏勒有了自己的国王，又有了班超等人的帮助，很快稳定了下来，人民能够安居乐业了；举国上下都非常感谢班超，表示一定要衷心归附汉朝。

　　至此，班超已将丝绸南路从东到西全部打通，便派人去把这一切向窦固做了汇报。这时窦固正和耿秉等统帅大军进击北道的车师国，就告诉班超暂时先留在疏勒，不必马上回来。他自己与耿秉、刘张带兵西出敦煌，越过边塞来到蒲类海，一路进军，进入车师国境。车师国分前后两部分。前王住在交河城，后王住在务涂谷，前王是后王的儿子。汉军按照耿秉的建议出敌不意地攻下了后车师，令后车师王召他的儿子前车师王归降，汉军因此顺利攻占了车师全境。收服了车师国，起到了同班超南北呼应的作用。西域的情况已经比较稳定了。

　　于是窦固、耿秉等就上奏汉明帝，请求重新设置西域都护和校尉。这一请求得到了汉明帝的批准。汉廷决定任命陈睦为西域都护，驻扎在龟兹的它乾城；让耿恭当戊校尉，屯驻在车师后部的金蒲城（今新疆孚远）；任命关宠为己校尉，屯驻在车师前部的柳中城（今新疆鲁克沁）。中断了多年的汉朝与西域各国的使者往来和货物交流，经过许多人特别是班超的努力，终于又重新频繁起来了。

ZHONGHUA AIGUO RENWU GUSHI

孤胆英雄、肝胆相照

汉朝同西域各国的正常往来得到恢复后，西域形势大为改观，东西方商人互相往来，贸易发展了，"丝绸之路"在冷落多年后重新热闹起来。到处呈现着一片欣欣向荣的景象。

可惜好景不长，西域的形势不久就逆转直下，这一

汉军与匈奴作战

切对班超一行是一个沉重的打击，使他们一度陷入困境。

汉朝在西域的节节胜利大大震动了北匈奴。北匈奴长期以来控制西域各国的目的，就是要以西域为右臂，用两个拳头打击汉朝。看到自己多年苦心经营的西域与汉朝结盟，它当然不能心甘情愿。不久前汉朝征讨北匈奴时，虽然取得很大胜利，但并没有伤掉北匈奴的元气。汉朝收兵后，北匈奴抓紧时间。一方面调整内部，弥补战争中受到的损失；另一方面又重整旗鼓，准备抓住时机卷土重来，把西域再次据为己有。

北匈奴看到汉朝大军已经全部退走，便在汉永平十八年（公元75年）春天，派遣左鹿蠡王率领两万骑兵攻打车师后部。车师本来弱小，戊校尉耿恭又派不出兵马增援，不久便被匈奴占领。匈奴军队乘胜包围了耿恭的驻地金蒲城。耿恭在孤立无援的情况下，坚守金蒲一年多，上下一致，凭着勇敢与智谋打退敌人无数次进攻。最后已经到了渴了喝马粪汁，饿了吃牛皮带的地步，虽然只剩下了几十人，仍然牢牢守住了金蒲，以致匈奴以为他有天神相助。

就在耿恭奋力抵抗北匈奴军队期间，汉永平十八年（公元75年）秋天，汉明帝驾崩了。这个消息传到了西域后，西域北道的焉耆、龟兹二国，在北匈奴的支持下，派出四万大军攻打驻在焉耆国乌垒城的西域都护陈睦。

耿恭守卫城池

陈睦手下有 2 000 士兵，但他们由于缺乏警惕，加上不了解敌情，结果在实力悬殊的战斗中，陈睦、郭恂和他们的 2 000 名手下全部遇难身亡，这就是"陈睦事变"。北匈奴派兵分别攻打车师后部金蒲城和车师前部柳中城，使汉朝的戊、己二校尉陷入重围，汉军死守孤城，形势十分危急。但由于汉朝正在国丧期间，便没有发兵救援，车师国看到这种情况，抵挡不住北匈奴的诱惑，叛变了汉朝，投靠了北匈奴。这样一来，西域北道又重新被北匈奴控制了。

那么，当时班超所在的南道情况又如何呢？龟兹、姑墨等国在北匈奴的唆使下，发兵攻打疏勒，目的在于杀死班超，以便将汉朝势力彻底逐出西域。班超看到敌兵来侵犯时，便把疏勒王忠请来，探问对方的动向："现在龟兹、姑墨两国派兵来犯，你打算怎么办呢？"疏勒王忠说："我们已经饱尝了龟兹统治的痛苦，我不愿看到我的百姓再经受苦难，我一定要率领我的百姓抵抗侵略。"班超听了很满意，高兴地说："那好，咱们一定要团结起来，齐心协力，这样才能打退敌人。"

班超心里很清楚：说实在的，疏勒国小力薄，要想同龟兹、姑墨等国的联军对抗是不容易的。只有凭借人心所向，上下团结这一优势，坚守城池，才有可能保全国家。班超和疏勒王忠率领着疏勒人民，分别坚守疏勒国都和盘橐城，他们首尾相应，形成掎角之势，互相支援。每到夜晚，班超都要亲自来到城墙上，巡查守卫情

姑墨古国址

况，他经常彻夜不眠，随时察看，并不断鼓舞将士们的士气。

看到士兵人数太少，班超就发动城中的老百姓，他对他们说："现在敌人来侵犯，他们人数众多，而我们的士兵人数太少，为了使你们能安定地生活，不再受异族奴役，我希望你们大家都行动起来，拿起武器，保卫自己的家园！你们意见如何呢？"

听到这些，疏勒人民纷纷表示愿意拿起武器。班超又鼓舞大家："虽然敌人大兵压境，但他们远道而来，为的是攻城略地。如果久攻不下，必然影响士气。我们只要坚守不出，时间长了，他们给养跟不上，士兵又疲惫，必然会退却。"听到这番分析，疏勒军民更是信心百倍地投入了战斗。班超领导疏勒军民，想尽一切办法打退了龟兹、姑墨等国联军的多次大举进攻。小小的盘橐城，龟兹、姑墨等国联军攻打了一年多也没攻破。

疏勒古城

汉章帝刘炟

到了汉章帝建初元年（公元76年），已在车师后部和前部坚守了一年多的戊、己校尉耿恭、关宠二人都派人给朝廷送去奏章，请求派兵增援。当时汉章帝刚刚即位，又偏偏遇上旱灾。征讨北匈奴的连年战争，使百姓长期服役，民怨很大。根据这种情况，汉章帝召开了一个御前会议，把文武大臣都召集起来商讨对策。众人意见不一，有的主张出兵，有人坚决反对，经过一番争论，汉章帝决定西域可以暂时放弃，但大汉的忠臣不可不救，于是令酒泉太守与谒者王蒙、皇甫提调张掖、酒泉、敦煌三郡的人马和鄯善国的骑兵共7 000多人去救援耿恭、关宠等人。与此同时，汉章帝怕班超孤掌难鸣，也像陈睦、郭恂那样死于非命，而且他又远在南道，汉朝的援

军只派向北道，顾不上他，就下令让班超离开西域，返回京城洛阳。

班超接到圣旨后，知道君命难违，便和随从默默地收拾行装，做好了出发的准备。这个消息很快就传了出去，疏勒国的人民听说后，举国上下一片恐慌，人们都想挽留班超。一个叫黎宾的疏勒国的都尉，听到了这个消息后，悲痛地说："汉朝的使者一旦遗弃了我们，我们必然会再一次被龟兹国灭亡，实在是不忍心让汉朝的使者离去。"说完就拔出佩刀自刎了。

班超听说后心中很难受，对疏勒老百姓说："我也不愿意走啊，可是皇帝的命令我怎能违抗呢？大家多保重吧！就这样，班超恋恋不舍地离开了疏勒，向东走去。

经过了艰苦的长途跋涉，班超他们又来到了于阗国。于阗的君臣百姓早已听说班超一行要回汉朝，比疏勒人更加不忍让他离去。他们都出来拦阻班超，苦苦哀求他，希望他能留下。有的人趴在地上堵住道路，说："你们不能走啊，你们走了，我们就没有活路了。""你们别走了，求求你们了，可不能眼瞧着我们再落入火坑啊！""我们需要汉朝，汉朝使者就像我们的父母，你们不能丢下我们不管呀!"还有许多人,干脆抱住了班超一行的马腿,不让他们走。

当时天色阴沉,日光昏暗,狂风卷起的沙土打在人们的脸上,目力所及,四处一片昏黄;加上人们哭声连天,哀声遍野,那凄凉的景象,实在让人难以忍受;看一眼,好像就会跟着哭出来似的。班超内心矛盾重重,一边是君命,一边是西域人民的心愿。君命难违,可他又怎么舍得这些百姓呢?黎宾都尉自杀的情景又映入了他的脑海,眼前那么多的人恳求他,挽留他,他简直受不了了。他扫视了一下随从,看到众人也都眼圈红红地望着他,等候着他做决定。

"大丈夫就算没有别的志向,也应当仿效傅介子、张骞,在异域立功封侯……"当年自己的这番豪言壮语又在他的耳边响起,他的理想和目标远远没有实现,现在如果回去,那自己在南道上取得的成就不就会前功尽弃了吗?西域人民就会重遭匈奴的奴役,汉朝就会再次失去西部屏障,如果现在走了,将来就得一切从头干起,那时又不知会怎么样了。这一步如果走错,真会一失足成千古恨啊!

不,不能,决不能回去,"将在外,君命有所不受"。对,想到这儿,他一勒马缰,调转马头,对他的部下和于阗人民说道:"我决定不走了……"话还没说完,四周就欢呼起来，刚才的景象霎时就变了，人们个个欢天喜地，好像有了寄托似的，高高兴兴地簇拥着汉使进城休息。班超打定不走的主意后，就决定返回疏勒，他怕那里因为自己一走而发生什么意外，他率领部下休息一夜之后，立刻拍马向西连夜驰去。

一路风餐露宿，日夜兼程地赶回了疏勒国。果然不出班超所料，他走后不久，疏勒国就有两个城的首领反叛，投降了龟兹，并且和北边相邻的尉头国联合，企图让疏勒全国都投降龟兹。班超回到疏勒后，受到了疏勒王忠和疏勒人民的热烈欢迎。忠向他报告了这里的情况，班超毫不犹豫，立即调集了一部分军队去征讨反叛头领。

班超骑在马上，准备回国。于阗人紧紧抱住马脚，不让他回国。许多人都含着眼泪望着他。

反叛的头领怎么也没想到班超会离而复归，更想不到会在那么短的时间里就已兵临城下，一下就慌了手脚。再说反叛本来不得人心，那两城的军民一见班超返回，

调转马头回疏勒

立刻自动杀了叛乱首领，来见班超。班超趁机掩杀尉头来的侵略军，大获全胜。班超以迅雷不及掩耳之势轻而易举地平息了这场叛乱。

跟着，班超乘胜率军向北追击，马不停蹄地去攻打尉头国。尉头国是个小国，实力不强，班超没费什么大力就把它攻破了，解除了对疏勒的威胁。打下尉头国后，班超又回到了疏勒。自从陈睦事变以来，局势相当严峻。北道诸国同汉朝关系本来就不太好，现在有了北匈奴大军的支持，非常狂妄。而且汉朝由于内部大旱，也放弃了伊吾庐，重闭玉门关。北匈奴重占伊吾庐后，气焰也更加嚣张，所以北道现在已无法控制，班超自然不能带着自己的36个随从去攻打，他只有把南道诸国团结起来，才能向北进军。

当时南道情况又怎样呢？南道各国人民长期生活不安定，而汉朝使者来了后，帮他们赶走了侵略势力，不再向他们征税，他们内心非常感激，而且南道诸国除莎车国原来尚未臣服以外，都没背叛汉朝，仍旧与汉朝友好，这一点对班超很有利。他仔细分析了局势以后，就决定团结南道诸国，把它们联合起来，共同对付北方的敌人。

班超决定后，便以疏勒为根据地，他和他的部下四处活动，来到疏勒的邻国于阗、抒弥（或称拘弥），以及康居几个国家。说服他们的国王派兵，经过了一段时间的准备，到了建初三年（公元78年）班超已集结了疏勒、于阗、抒弥、康居四国的一万多士兵，准备向北攻打姑墨。

姑墨是龟兹的附属国，它在疏勒北部。既是龟兹的一条胳膊，也是疏勒北面的主要威胁。所以，攻打姑墨在战略上有很重要的意义。班超率领一万多人的军队，来到姑墨石城。姑墨将领出城迎战，班超身先士卒，率领军队大败姑墨军队，杀死了700多人，取得了大捷。拿下了石城，姑墨国也就攻破了，龟兹的实力也因此大大削弱，疏勒的威胁解除了，整个西域又有了新的局势。

这时班超看到形势不错，便有心继续进兵，扫平西域。他给汉章帝写了一个奏章，大意是这样说的："我曾经看到先帝想开通西域，所以派兵攻打北匈奴，派使者出使到西域。如今鄯善、于阗、抒弥、莎车、疏勒、月氏、乌孙、康居诸国都愿意归顺汉朝，共同出兵攻打龟兹。如果龟兹被攻打下来，那么西域同汉朝的道路基本就开通了，西域大部分国家也就可以归顺汉朝了。"现在西域大部分国家都愿意同汉朝来往，只有焉耆和龟兹没有归降我们。我们这么多年来，留驻西域，对这里的风土民情、军政形势都了若指掌，许多地方的人都说，'倚靠汉朝就像倚靠上天一样'。西域人心是向着我们的，葱岭道路是可以打通的，这样就可以进攻龟兹了。现在应把在汉朝的龟兹侍子白霸封为国王，派人把他送来。然后联合西域各国军队，不久就会捉住龟兹王。'以夷狄攻夷狄'是最好的政策。"

"莎车和疏勒两国田地肥广，草木繁茂，在这里驻兵不用从汉朝运粮食来。龟兹的附属国姑墨、温宿的国王也都是龟兹派去的，这样一定会有人反对他们。姑墨、温宿如果能投靠我们，那么龟兹就不攻自破了……"

班超在奏章中提出了自己在西域活动的策略——"以夷狄攻夷狄"，利用西域内部矛盾扶正祛邪，而且不需调动汉朝的军队粮草，体现了他的政治头脑。汉章帝看了奏章后很满意，玉门关重闭后，他就不了解班超在西域的情况了。现在一看班超在不劳民伤财的前提下，

班超上奏章提出自己的想法

全凭出色的外交活动和巧妙的用兵计谋，仅仅带着36名
随从，竟然取得了这么大的成绩，非常高兴。便让他继
续留在西域活动。为了加强班超的力量，还委派一向与
班超志同道合的平陵人徐干为假司马，率领1 000戍卒和
流犯去增援班超。

富饶的西域

坦荡胸怀

　　徐干率领的1 000人刚刚到达疏勒国，正遇上疏勒国发生叛乱，叛乱头目是一个叫番辰的人。他是受到莎车国的利诱反叛疏勒的。徐干这支生力军算是来得恰到好处，便配合班超平息了这场叛乱。把头目番辰也杀了。

莎车古国王陵

　　番辰叛乱的后台是莎车，但是要想攻打莎车，却不太容易。莎车是南道的一个大国，以前曾经称霸西域，征服了不少西域国家，就连龟兹也曾被它征服过。这些国家被莎车征服后，莎车便派本国人去那些国家当国王。由于它压迫太甚，统治过苛，引起了那些国家的强烈反抗，纷纷杀死了莎车派去的国王而独立，莎车也受到了各国的攻击，最后实力大大减弱了。汉朝派出了使者后，莎车国曾打算迎接汉使，归顺汉朝。但由于形势变化，汉朝决定暂时放弃西域，撤回了军队，关闭了玉门关。

　　这样一来，莎车只好投靠北道强国龟兹。在龟兹的支持下，莎车便成为南道畅通的最后一块绊脚石。要想除掉这块绊脚石必须有足够的力量，靠像疏勒这样的小国是打不了莎车的。必须找一个能够联合的大国。

　　想来想去，班超想到了乌孙国。乌孙国也是一个西域强国，它在疏勒的北面，地域辽阔，兵力强大，拥有十几万军队，这样一个数目在西域是屈指可数的。乌孙国

班超高规格的仪仗队伍

乌孙古国

同中国一贯友好，它和中国有过和亲关系，还曾经同中
国联合出兵攻打匈奴。汉朝关闭玉门关后，乌孙由于自
己力量强大，也未投靠匈奴，而是继续自行发展。因此
要联合乌孙国应该说是没什么问题的。班超把自己的想
法给汉章帝上了个奏章，阐述了自己想联合乌孙国攻打
莎车的想法。汉章帝明白班超这是执行"以夷狄攻夷狄"
的政策，便同意了他的想法。

汉章帝在建初八年（公元83年）提升班超为将兵长
史，还准许他越级使用大将的礼仪，出行时可以鼓乐相
伴，并备用幢麾，这对班超是非常优厚的待遇。与此同
时，徐干也被晋升为军司马。对班超他们在西域取得的
成绩给予这些奖励，是希望他们能更出色地完成使命。

　　为配合班超联合乌孙国，汉章帝还派卫侯李邑护送乌孙使者带上锦帛到乌孙国去，赐给乌孙的大小昆弥（国王）及其下臣僚。李邑一行到达于阗的时候，正赶上龟兹攻打疏勒。李邑听说后，心里就嘀咕起来了：我要是继续向前走，万一龟兹攻下了疏勒，我不等于去送死吗？想到这儿，他倒吸了一口凉气，吓得浑身出了一身冷汗，不由得伸手摸了摸自己脑袋，这东西要掉了可就长不出来了。

　　他想：不成，不能再走了。可转念一想：不成啊，我奉圣旨而来，如果这么回去，皇帝可不答应啊，哎呀，这可怎么办？他在屋里踱来踱去，急得直搓手。蓦地，他停下了脚步，嘴上露出一丝得意的奸笑，坐到几案前，提起笔来……原来李邑心想，我只要编个谎话，把责任往班超身上一推，这样就可以给自己找个脱身的理由了。

　　于是李邑就给汉章帝写了个奏章，说西域情况复杂，西域各国互相攻打，西域的事业根本不能成功。更有甚者，他还造谣诬陷班超：说他拥娇妻，抱爱子，在国外安于享乐，根本没心思为祖国效劳。

　　班超听说了这件事，感慨地说："我本来就不如曾参（曾参：春秋时人，孔子的学生，以品行好闻名。一天，一个和他同名同姓的人因在街上杀人而被抓。有两个人把这件事告诉了曾参的母亲，母亲非常信任儿子，便说：

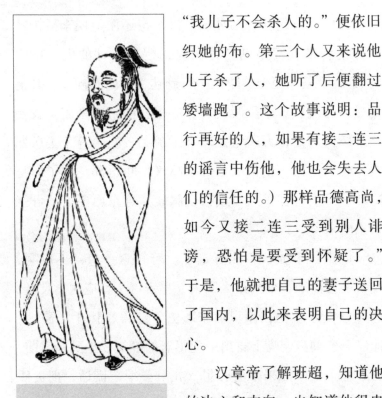

曾参像

"我儿子不会杀人的。"便依旧织她的布。第三个人又来说他儿子杀了人，她听了后便翻过矮墙跑了。这个故事说明：品行再好的人，如果有接二连三的谣言中伤他，他也会失去人们的信任的。）那样品德高尚，如今又接二连三受到别人诽谤，恐怕是要受到怀疑了。"于是，他就把自己的妻子送回了国内，以此来表明自己的决心。

汉章帝了解班超，知道他的决心和志向，也知道他很忠诚，因此反而在给李邑的批复中责备说："假如班超当真拥娇妻、抱爱子的话，他的随从人员中想要回到家乡的人有上千，又怎么肯于和班超同心协力留驻西域呢？"同时汉章帝还下诏给班超，要求李邑听从班超指挥，不得违反他的一切决定。李邑碰了一鼻子灰，只得壮着胆子来到疏勒。

到疏勒后李邑整日愁容满面，唉声叹气，心想自己得罪了班超，这回班超肯定要惩治他了，再说去乌孙路途遥远，路上危险重重，这可怎么办呢？

一天，班超把李邑叫了去，李邑觉得该倒霉了，心里边像打鼓似的来到班超那儿。班超见到他以后，却好像什么事都没发生过，很随便地对李邑说："你不用护送乌孙使者回国了。"李邑心里咯噔一下，还以为班超要把他留下来好好整治一番呢，只听班超又说："只要等乌孙侍子来后，你再护送他回洛阳就行了，其他的事你就不用管了。回去吧！"

李邑听后又喜又惊：喜的是自己可以不冒风险去乌孙了；惊的是没想到班超会如此宽宏大量，不计前嫌；再想想自己，心里非常惭愧。徐干见班超这样处理，心里很纳闷，忍不住问班超说："李邑在于阗时，自己胆小，便说你的坏话，他还想破坏西域的大业，皇帝明明

李邑悄悄返回洛阳

有旨意，要他一切听你的，何不把他留在这里，让他吃点苦，好让他知道咱们这差事不容易呢？我们可以另外派人护送乌孙侍子回洛阳嘛！"

班超听了后，一本正经地说："你怎么能说这么鄙俗的话呢？正是因为李邑说我的坏话诬蔑我，所以现在才把他派回去。我自认问心无愧，为什么要怕别人说坏话呢？凭自己的好恶而把他留下来，那我就不能算是忠臣了。"

这番话使徐干深受感动。他从心里佩服这位和他同乡的上级，觉得班超这种人实在是太难得了，自己比人家差得远呢！班超深明大义，因此他才不计较个人得失，去追究李邑。况且，派李邑这种胆小的人去乌孙又怎能完成任务呢？他这种品质不好的人留在西域也只能破坏班超的计划，妨碍汉朝在西域政策的顺利执行。

班超一身正气，顶天立地

诛叛逆用计制诈

　　到了汉章帝元和元年（公元84年），东汉政府又派假司马和恭率领800人来到西域，来增强班超的力量。这时乌孙国同汉朝已恢复了关系，攻打莎车的时机已经成熟。班超便率领汉朝派来的1800人，并集合疏勒、于阗的军队，准备向莎车大举进攻。

　　莎车王提前获得了消息。莎车虽然有北道强国龟兹做后盾，但乌孙已经同汉朝建立关系，万一乌孙也派兵来援可就不好办了。看来最好能避免正面冲突，看看有什么办法能牵制班超，使他不能进兵。于是莎车王便派人带着大量金银珠宝去见疏勒王忠，把这些财宝都送给他，唆使他发动内乱，使班超腹背受敌，并答应他成功之后再给他更多的珠宝。

　　疏勒王看到这些财宝眼都花了，他是个见利忘义的小人，于是就接受了财宝，满口答应制造叛乱。班超此

康居古国的胡旋女

时还蒙在鼓里，他率了大军刚离开疏勒，疏勒王忠便在乌即城发动了叛乱。疏勒是班超的根据地，是他进攻莎车的大本营。后方不稳定，前方是打不了胜仗的。班超将后队做前队，前队变后队，赶回疏勒去镇压忠的叛乱。忠自知不是班超的对手，便请求康居王支持，康居王派来了精兵援助，他便同班超对峙。

班超不想在镇压叛乱中损失军队，便对疏勒人民说："你们的国王是我们汉朝一手扶助起来的。在这个时期，你们国泰民安，生活得很好，可是忠背信弃义，违背了你们的愿望，挑起叛乱，这意味着你们要重新过提心吊胆的日子，所以我们一定要把忠发动的叛乱平息下去，这样你们才能过舒心的生活。"

班超发动了疏勒人民去攻打乌即城，双方相持了足有半年之久。班超想长此下去不是办法，便决定另寻途径解决问题。他认为忠之所以能坚持那么久，都是因为有了康居的支持，康居要能撤兵，就等于釜底抽薪了。怎么才能劝说康居呢？康居最近和大月氏国连了姻，大月氏国与汉朝一向友好，若是大月氏王出面劝康居王退兵，那一定能行。于是，班超便派使者带着许多贵重礼物去见大月氏王，希望他能说服康居王退兵。大月氏王答应了汉使的要求，去说服康居王撤回了人马，但他也没把忠交出来，而是带回了康居国。

　　住在别人的国家过流亡生活，哪里有在自己国家里当国王发号施令好呢？三年之后，在汉章帝章和元年

班超对乌即城久攻不下

（公元87年），忠又向康居王借兵。康居王犹豫不定，但抵不住忠的花言巧语，还是借给了他。忠借兵回国，占领了损中。这时忠已对班超恨之入骨，因为在叛乱后，班超就重新立了一个叫成大的府丞当疏勒王。忠一心要杀死班超，夺回王位。

忠占领了损中后，一面赶紧通知龟兹王来攻打，一面又派人告诉班超，说他已经知错了，希望班超能接受他投降。班超已把忠看透了，知道他这一着是诈降。不过，忠既然自己送上门来，这下正好可以借机除掉这个叛徒。可他表面上不动声色，对下书使者抚慰一番，说他很高兴忠能迷途知返。

班超两方面都做了安排，一面他叫人杀牛宰羊，大摆宴席，说是要对忠的归来表示热烈欢迎。另一方面，

班超佯装杀牛宰羊大摆宴席

他召集起汉军。他说:"忠回来那一天,你们要做好战斗准备。徐司马,你率领咱们的1 800人,在四周埋伏好,准备对付忠带回来的军队。"接着他又让自己的36个随从准备在席间对付忠和他的亲信。以举杯为令,里外一齐动手,一定要一网打尽,他还嘱咐他的手下一定要装得很热情,对忠一伙人的归来表示欢迎。不要让他们察觉出来。

忠知道班超待人一向宽厚,从前释放兜题和不久前遣送李邑回国的事,他都是亲眼所见,因此,听使者的回报说班超要欢迎自己回来,便信以为真,不知班超在将计就计,心里还得意呢:班超啊班超,可惜你聪明一世,糊涂一时啊!这回你可上当了。只要我先稳住你,等龟兹王一来,给你弄个里应外合,那时看你还怎么办?

话说这一天忠率领着自己的700轻骑,大摇大摆地回来了,班超命令奏起鼓乐,并亲自出来迎接,言谈举止都很热情诚恳,忠对班超的态度深信不疑,仅有的一点戒心也消除了。班超挽着忠的手进了军帐。这时酒席早已摆好,班超携忠与双方主要随从落座。此时在乐曲声中大家欢宴,班超故意对忠畅谈往事,回忆起当初怎样驱逐龟兹人兜题而立忠为王,后来又怎样共同固守孤城。

那叛徒忠听到这里,居然不觉得惭愧,还露出得意神色,似乎他有功于汉。班超见他死不改悔,便故意兴

宴会上，班超号令捉住敌人。

致勃勃地祝酒说："为了将来我们还能很好地合作，咱们来干上一杯，如何？"忠以为计谋得逞，也高兴地说："请！"说罢举起了杯子。

再说从酒宴开始，那席间席外的一千多人就等着这信号呢，哗啦一下，长剑出鞘的声音响成一片。那席间的36人将忠和他的随从团团围住，他那外面的700轻骑也早已被1800名勇士包在中间。那700人都是忠的死党，见势不妙，企图垂死挣扎，汉军无奈，只好将这700人就地歼灭。

席间的班超此时也变了脸色，一手握剑抵住忠的胸口，一手指着他的鼻子，虎目圆睁，盯着目瞪口呆的忠，把他大声训斥了一通，说得忠无地自容，浑身抖得像风中的树叶。最后班超揭露了他诈降的奸计，说："像你这种见利忘义、不知悔改的小人，留着有何用，拉出去斩了！"忠一路高喊："饶我一命吧，给我一个机会吧……"这时说这话已经太晚，这个叛徒终于得到了他应有的下场。班超高举忠的人头对疏勒军臣及军民大众说："你们大家看看，这就是叛徒的下场。大汉虽是宽宏大量，可恨他这次不思悔改，反而勾结你们的世仇龟兹，妄想让你们重新当龟兹的奴隶。他已经成了里通外国的奸细，轻饶了他，就会危害国家和民族，我相信你们大家一定同意杀掉这个叛徒和他的死党。现在咱们还是团结一致对付龟兹的入侵吧。"

　　班超杀了忠，龟兹王还不知道呢。他率领人马，匆匆忙忙向疏勒赶来，心里还异想天开，以为这下能杀掉班超了。结果突然听到了忠已被杀的消息，又见疏勒全国都拥护班超，已经摆好阵势准备打仗。龟兹王就像挨了一闷棍，灰溜溜地又带着人回去了，真是乘兴而来，败兴而归。班超本来定下了南破莎车，北击龟兹的部署，由于疏勒王忠的反叛，才被迫改变了计划。如今诛杀了叛逆，稳定了疏勒，班超将要征服南道的最后一个未沟通的国家——莎车。

调虎离山，计平莎车

汉章帝章和元年（公元87年），班超联合于阗等国，征集二万五千余人，经过了充分准备，再次向莎车进军。莎车王闻讯后，心里明白这回不会再有个忠来给班超拖后腿了，这仗是肯定要打的，于是赶紧派人向龟兹王求救。

莎车境内的塑像

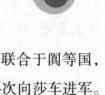

龟兹王眼看着西域许多国家都和汉朝结盟，心里很不自在。对班超更是恨之入骨，一听说班超要攻打莎车，决心这次要不惜一切代价除掉班超，便派遣左将军调集温宿、姑墨、尉头三国军队共5万多人，浩浩荡荡地前去救

援莎车。两军在莎车边界扎下了大营。班超侦察到敌军共有5万余人，足有自己军队的两倍。心里就琢磨起来了：两军力量悬殊，打硬仗看来是要吃亏；要是夜晚去偷袭呢？也不成，敌军现在是严阵以待，他们也知道这是场大仗，肯定会日夜防范。该怎么办呢？

　　班超想来想去也没想出个好办法。这时，一个仆人给他端来了一盘新鲜水果，让班超尝尝。班超说："好吧。"那仆人听后就替班超削起皮来。他熟练的手法把班超吸引住了。班超看着他削皮，突然一拍大腿，高兴地喊道："太好了，太好了，哈哈哈哈!"这一声把那仆人吓了一跳，抬起头来直愣愣地看着班超。班超这才意识到自己一时激动，差点把心里想的给说出口，连忙把话头一转，说："我是看你削得真好，又快又干净。"那仆人站起身来走了出去，心里还纳闷儿呢：这是怎么回事呀？班大人今天怎么了？

　　其实是这么回事。班超看那人削水果时便想到：把水果皮一削，里面的果肉就好吃了。眼前这场仗也是一样。要打莎车国，可龟兹王带来的兵就像一层皮一样裹在外面，如果能把他们引开，莎车国就好打了。想到这儿他就高兴，所以不禁一拍大腿，喊了出来，结果把那仆人弄得莫名其妙。于是，班超赶紧把于阗王和手下将领召集了起来，说是要商议军务。大家坐好后，班超装出愁眉苦脸的样子说:"咱们有二万五千人,可敌人有五万人,这仗打起来肯定要败,还不如保存实力,以后再说。我们各自散去吧,于阗王,你带领你的军队向东回国,我带着剩下的人马向西回疏勒,就这样吧。"

于阗王等人一向对班超佩服得五体投地,如今见他决定撤兵,不知道这是一计,便按班超的吩咐去做。班超一贯治军纪律严明,这次却有意把撤兵弄得乱哄哄的,连前两天抓的龟兹探子都在关押的地方看得一清二楚。跟着,两个看守又来对他说:"我们将军心怀仁义,从来不乱杀俘虏,如今我们要撤兵,特地放你回去。你要告诉龟兹王,让他也撤兵,以后大家相安无事,再不要打仗了!"那龟兹探子喜出望外,出了班超大军的营地,往四下里一看,果然是人喊马嘶,军队都在忙于开拔,赶紧拔腿跑向龟兹大营。

龟兹故城遗址

班超得到看守报告，知道那个探子已经跑远之后，立刻又把大家召集到一起，对他们说："我刚才那是一计，意在调虎离山。那探子回去一报告，龟兹王一定会率领大队人马到东西路上去伏击我们，这样剩下的人马也必然会放松警惕，我们正好去攻打他们。你们现在回去一定要偃旗息鼓，千万不可走漏消息，让士兵们好好休息，准备战斗。"于阗王及各位将领听后都拍手称绝，说这一着真是太高了。高高兴兴地回去做准备了。

再说那龟兹探子一路跑得上气不接下气，来到龟兹王那儿，气喘吁吁地说："大王，我打听到了一个重要消息。班超他们惧怕大王的威严，现在已准备撤退了。于阗王率于阗人马从东路回国，班超也要率剩下人马从西路回疏勒。"龟兹王听后忙问："这个消息确实吗？"那探子说："确实，非常确实。这是班超他们商量军务时说的，小人听说后，拼了性命逃回来报告。"那家伙为了表功，没说是人家放的他，这下龟兹王越发信以为真。龟兹王说："好好好！你先去休息，事成之后我要重赏你。班超啊班超，我还以为你有多大本事呢！这次本想会会你，原以为有场大战，没想到你是徒有虚名，打都不敢打就要逃跑。"龟兹王得意忘形，立刻下令温宿王带领八千人马在东路伏击于阗王，自己率领一万人马在西路等候班超。

　　龟兹王想到不久就要一举歼灭班超的人马，心里那高兴劲儿就不用提了，恨不得马上喝酒庆功。天一黑，龟兹王就率领人马出发，分东西两路，到路边埋伏好，就等班超往刀口上撞了。班超打听到这消息后，知道果皮已经剥掉，可以吃果子了，心里暗暗欢喜，他再次把将领们召集到一起，让他们在鸡叫头遍时出兵进攻莎车营地。莎车王在自己的营地里也高兴着呢，这回自己不用一兵一卒就能将班超打败，比起上次还容易。只要龟兹王和温宿王那儿胜利的消息一到，自己这儿就可大摆庆功宴，畅饮庆功酒了。既然班超的军队已经撤了，自己的手下还辛苦站岗干什么呢？于是莎车王便下令全军都休息。他手下的士兵正巴不得听这句话呢，赶紧钻进帐篷中休息去了。

　　鸡叫头遍了，这时天还只是朦朦胧胧的一片，正是人们睡得最熟的时候。班超手下的士兵们白天早就休息够了，单等着这声鸡叫呢。鸡一叫，他们立刻出发，就像从天而降似的一下出现在莎车营前。有个莎车士兵听见响声醒来，还以为龟兹王和温宿王打了胜仗归来了。他把伙伴叫醒，说："喂，快听，龟兹人他们回来了，醒醒，醒醒，咱们准备喝庆功酒吧。"旁边的人还说呢："不会那么快吧？别打扰我，让我再睡会儿。"说完又转过身去。叫人的莎车士兵惦记着酒宴，还是没睡着，他听大批人马的脚步声越来越近，赶忙跑出帐篷。这一看他可全醒过来了，只见军营里已乱成一团，远处飘扬的大旗上清清楚楚地写着斗大的"班"宇，他也顾不上去想是怎么回事了，转身就跑。

这一仗班超的军队大获全胜：杀死敌军五千多人，逃跑的士兵各奔东西，溃不成军。莎车王见大势已去，跑也跑不掉了，便投降了班超。温宿王和龟兹王在东西两路耐心地等了一夜，连个人影也没见着，龟兹王气急败坏地把那个探子叫来，呵斥道："班超的人呢？你说啊，你倒是说啊！"那探子吓得面无人色，结结巴巴地

奇袭莎车

班超大获全胜

说:"我确实亲眼看见他们撤兵的,大王,我,我……"
"要你这种人何用?"龟兹王不等他说完,便一刀结果了
他。

　　龟兹王和温宿王知道中了计,不敢再回莎车,怕遇
到班超伏击,便各自回国了。他们回国后,听说了班超
大败莎车,莎车王也投降了的消息,心里凉了半截,他
们这才知道班超用兵如神。龟兹王吃了这次亏,从此再
也不敢小看班超了。

　　佯装退却,调虎离山,夜袭莎车,迫其投降,均源
自我国古代兵法中的"兵不厌诈"术。但被班超借用得
如此真切,调拨得不差分毫,战果又是那样的辉煌,实
属罕见。

仁者无敌

班超降服莎车国后，声名大振。至此，西域南道就完全打通了。班超在南道的计划实现后，便准备进一步沟通北道，就在他精心谋划时，又发生了意外。

大月氏得知班超在西域的屡屡胜绩，便派遣使臣带着珍宝和狮子等物来到班超驻地尽力讨好，并提出要娶汉朝的公主做自己的嫔妃。提亲之事非同小可，班超怎能贸然答应呢？

于是，大月氏对此耿耿于怀，想对班超给点颜色看看。公元85年，大月氏副王统率七万大军浩浩荡荡东进，穿越葱岭，向西域营地逼来。

大月氏七万大军压境，班超又一次面临众寡悬殊的局面：他能动员起来的人马充其量不过二三万。班超的部下看到这种情况，都坐立不安，士兵也都心怀疑惧。"班大人，咱们这回怎么办啊？力量太悬殊了，仗不好打呀!""您快拿个主意吧!""要不咱们就议和吧,先过了眼前再说,议和总比被人消灭好。""议和恐怕要送不少礼,而且有损大汉的国威。可我也想不出更好的办法,还是班大人说吧!""班大人,无论怎么打,我们都跟着您,可您得赶快想办法把士兵稳下来,现在军中恐慌,这样可打不了仗。"班超点点头,慢慢说道:"大家的心情我很理解,这仗是不好打,可只要咱们把情况分析明白,我看也不一定吃亏。"他说到这里,略略一顿,目光扫视了一下众将,"大月氏有七万大军,这是咱们无法相比的。可大家想想,他们远道而来,翻山越岭,可以说历尽艰险,到这里官兵的体力已经不成了;还有一条,

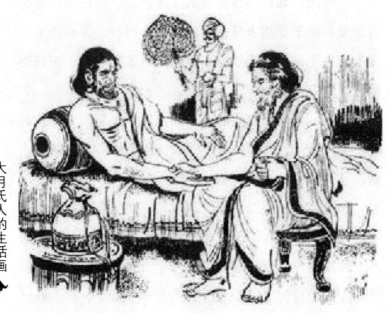

大月氏人的生活画

大月氏士兵

他们路途遥远，运输一定跟不上。从这两方面讲，他们都希望速战速决。而我们偏偏不用着急，只要修好防御工事，再动员百姓全都带着粮食住进城里，既安全又添了人手，再说咱们的给养也就不成问题了。然后咱们就在这里坚守，不出城迎战。跟他们耗上几十天，他们没粮食了，在城外又找不到，就会不战自败。这在兵法上叫：坚壁清野，大家认为如何？"

听了这番话，将士们如同吃了一剂定心丸，蒙在他们心头的愁云消散了，军心又稳定了，班超为让大家齐心协力，便亲自参加挖壕沟，修工事，同士兵们一起劳动。大家都深受感动，决心一定要守住城池。他又派得

大月氏王庭祭坛

力助手去动员百姓带上粮食，全都搬进城里来住。经过一番努力，工事修好了，壕沟挖深了，城墙加高了，粮食屯足了，兵力加强了，便关紧了城门，做好了坚守的一切准备。大月氏军队来到城下，高声讨战，可是根本无人应战。他们靠着人多，这次是打算先一举攻下疏勒，进而再征服整个西域。没想到对方根本不搭理，只是守而不战。

大月氏副王谢看长此下去不是办法，便下令攻城。但守城官兵军民上下同心，奋力抵抗。大月氏死伤不少人马，但还是没有半点进展。这下可急坏了副王谢，随军带来的粮食已经不多了，再攻不下城，那粮食一完，军心涣散，可就没法打仗了，现在必须解决粮草问题。他早已派人到四下的村里去抢，可是在所有的村庄里掘地三尺也不见一粒粮食，而且连个人影都不见，想打听都没法问。看来只有借粮一招了。找谁借呢？南道诸国都已归顺大汉，自然是借不来粮食。那只有向北道国家去借，北道诸国以龟兹最为强大，有不少附属国。再说龟兹素来和大汉对峙，这次大月氏出兵一定对了他们的心思，向它借粮，万无一失。

于是谢就派使者带上珍宝去向龟兹王求援。谢算得挺好，但班超比他更精。他估摸着大月氏粮食已快用完了，因为这两天攻势很紧，一定是粮草不足才这么急。

大月氏撤兵

若再攻不下来，他们一定会去借粮草，无疑是要找龟兹。于是，班超便派了人马在去龟兹的必经之路上等候。果然，大月氏在几天猛攻不下之后，便不出兵了，好像在等待什么。这下班超证实了自己的判断是正确的，大月氏必定是向龟兹借粮草去了。

且说那副王谢派的使者走到半路，突然从路边窜出一群人，一看原来是班超的军队。这下傻了眼，抵挡一阵便被全部歼灭了。大月氏副王谢左等右等就是没人送粮草来。怎么回事呢？他正在疑惑的时候，有个人匆匆忙忙地跑了进来。"王爷，大事不好，您派去借粮的人马全被班超的手下给杀了，现在城墙上挂起了他们的人头。"谢听说后腾地一下从椅子上跳起来，他简直不敢相信这是事实。莫非班超是天神下凡，怎么会算计得如此准确？

　　想到这里，又瘫软倒在椅子上。"哎，哎，"他连声叹息。"这仗打的。攻城攻不下来，抢粮抢不到，借粮的人又被杀了。这可怎么办？现在军中已乱了阵脚，上下人心惶惶，体力不支，班超若来攻打，必败无疑。还是赶紧投降吧，这样或许还能带这支人马平安回国。"于是，谢带领人马来到城下投降，向班超请罪。只求班超能饶他们一死。班超见机行事，一看这正是与大月氏和好的机会，便接受了谢的投降，招待了他一番，还给了他的军队足够的粮草，放他们回国去了。谢回到大月氏后，大月氏王听谢把经过一说，感到很惭愧，对班超更是非常佩服，于是他年年派使者向汉朝进贡，和汉朝又恢复了友好关系。

　　自公元74年班超抵达西域到公元92年的18年间，班超立足于疏勒，历经战火的磨难，终于完成了统一西域的宏伟大业。有位西方历史学家讲："在不知疲倦的征战中，班超对中亚的影响几乎是无所不在，而他进行的征战又几乎是常胜不败的。""班超个人的名声也达到了登峰造极的程度。"朝廷对班超十分器重，褒扬有加。公元91年12月，任命他为西域都护，都护府设在乾城（即今拜城）。公元97年，因他统一西域战功赫赫，皇帝封他为"定远侯"，此时，班超已65岁。

欲擒故纵平鸾者三国

　　班超经过多年的奋斗，西域南道已经打通，南道各国都已同汉朝恢复了友好关系。北道有些强国原先因支持南道一些国家，曾连续被班超挫败，力量已大大削弱。但由于有北匈奴在背后支持，还一直在同汉朝对抗。随着西域形势的改观，汉廷内部的意见也有了变化。原来主张放弃西域的一派已不占上风，越来越多的人主张继续努力，一方面重新控制西域，另一方面彻底驱逐匈奴。

　　在汉和帝永元元年至三年（公元89—91年）的3年中，汉朝先后派遣窦宪等人统率大军，向北匈奴发动了多次大规模进攻。收复被占领土伊吾庐，接受了车师前后王的投降。汉军又乘胜追击匈奴至金微山（今阿尔泰山），一场决战，大败他们的主力。班超的哥哥班固随军远征，受命树碑记述此次大捷。匈奴残部被迫向西逃窜，移居里海北岸，逼得原来住在那里的日耳曼人向西移动，

汉和帝·刘肇

造成了第一次亚欧民族大迁徙。从此，汉朝终于解除了
多年以来北方匈奴的威胁。

　　汉军的大捷大大震动了龟兹王。匈奴多年来一直是
他的后台，正是在匈奴的支持和唆使下，龟兹才同汉朝
为敌。如今后台垮了，而且西域大部分国家都已同汉朝
和好，自己若再顽抗下去，恐怕是太不明智了。经过了
再三考虑，龟兹同它的属国姑墨、温宿在汉和帝永元三
年（公元91年）向班超递了降表，表示愿意归顺汉朝。

　　班超很快把这一情况上报朝廷。当时汉和帝还很小，
不能管理国家，大权都由窦太后独揽。窦太后和大臣们

窦宪

看到班超的奏章都很高兴。在同年的12月就开了一个会，决定恢复15年前因故取消的西域都护、戊己校尉等官职和机构。由于班超在西域做出了很突出的贡献，决定任命他为西域都护，晋升徐干为长史。由于龟兹王尤利多长期与汉朝对抗，汉朝决定派龟兹侍子白霸回龟兹做国王。实现了班超十多年前的想法。

不久之后，龟兹侍子白霸就由司马姚光护送回到龟兹。在班超和司马姚光的协助下，将原国王废除，让白霸当上了龟兹王。原国王尤利多则由司马姚光押送到东汉京城洛阳，等候处理。

班超升任西域都护后，从实际出发，决定带领一部分汉军移驻到地理条件、军事条件和生活条件都较好的龟兹国。将西域都护府设在了龟兹的它乾城（今新疆库车附近），让徐干带领一部分人马仍驻守在疏勒；戊己二校尉领兵仍驻扎在车师国。龟兹、疏勒、车师三国形成了一个三角，便于互相支援。经过二三年的整顿，汉朝在西域的军事、政治势力都比陈睦事变发生前大为增强。

龟兹投降了汉朝后，北道的形势也起了变化，基本上也已沟通。整个西域大局已定，50多个国家中只有焉耆、尉犁和危须还未归顺。这三个国家在汉明帝永平十八年（公元75年）曾联合攻杀了前任西域都护陈睦及其手下的汉朝官兵二千余人，因为害怕汉朝报复，所以不敢投降。班超早已想将这三个国家降服。但由于龟兹等国刚刚归顺，他必须把已经取得的成绩巩固一下，所以暂时没有腾出手来攻打那三个国家。

到了汉和帝永元六年（公元94年）西域局势已经稳定，班超见时机已到，便调集了龟兹、鄯善等八国的军队和汉朝军队及自愿参战的商人1 400名共计7万多人向

龟兹等三国归顺汉朝

105

龟兹古乐演奏图

焉耆、尉犁和危须三国进发。这八国的军队中，龟兹等国在三国的西面，便从西向东进军；鄯善等国在三国的东面，便从东向西进军。因此，那三个国家就处在了东西夹击之中。焉耆、尉犁和危须在西域北道的中间。危须、焉耆、尉犁由北向南依次排列。其中焉耆最强大。焉耆王还是杀害陈睦等人的元凶。"擒贼先擒王"，只要收服了焉耆，其它两国的问题就会迎刃而解了。

班超率兵到达尉犁国边界后，先向三个国家派出使者，对他们的国王说："班都护这次来是要镇抚你们三国。如果你们想改过从善，就应当派出大臣来迎接都护。

我们都护要赏赐你们的国王和大臣们许多礼物，送完礼我们就回去，现在先送给国王们每人彩缎五百匹。"焉耆王闻讯后心里奇怪：既然说要安抚，为何要率大军来呢？可军队来了又不打仗，只是送礼，不明白班超是怎么想的。

　　他和左将北鞬支商量后，北鞬支坚持要自己去，焉耆王也只好由他去迎接了。这北鞬支是匈奴派在焉耆的侍子。说是侍子，其实权力比国王还大。焉耆王只不过是徒有虚名，实权早已让北鞬支夺去。焉耆王同意他去也是为了探听虚实，如果北鞬支被班超杀了，那班超一

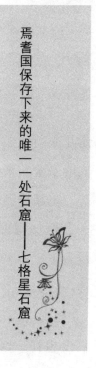

焉耆国保存下来的唯一一处石窟——七格星石窟

焉耆古国出土的雕像

定是来打仗的。因为班超知道北鞬支的地位。如果北鞬支能安全归来，那时自己再去也不迟。

班超见到北鞬支便斥责他说："你虽然是匈奴派的侍子，但却掌握了国家大权。我身为西域都护亲自到此，焉耆王广不来接我，都是你干的坏事。"北鞬支吓得诺诺连声，头也不敢抬就退了下去。班超的部下纷纷建议说："北鞬支这人很狡猾，不如把他杀了。"班超摇头说："你们没想到，这个人的实权比国王还大，如今还未进入他们的国家就先把他杀了，就会引起焉耆王的疑虑。从而会处处防备，如果他们把住险要的地方，我们怎能到达他们的都城呢?"

　　原来班超深知焉耆等地地势险要，易守难攻。自己虽有七万余人的大军，要想打下焉耆，势必造成大量伤亡。便决定先不杀北鞮支，稳住国王，然后再寻机降服三国。于是班超赏给北鞮支大批礼物后便把他放回去了。焉耆王见北鞮支安全归来，大为放心，就高高兴兴地率人到尉犁的边界去迎接班超。

　　焉耆王虽然放下心去迎接班超，但他还是不想归顺

班超率七万大军至焉耆国

汉朝，打算凭借地势险要来阻止班超进入焉耆国境。焉耆有个很险要的地方叫苇桥，桥下有一条大河。焉耆王从尉犁归来便把苇桥拆了，切断了进入焉耆的通道，想以此阻止班超他们进入焉耆国。

班超得知这一情况后，并不着急。因为他原先也做好了打仗的准备，事先已派人沿河打探，找到了一处水浅齐腰、水流不急的地方，人马可以直接涉水过河。所以一见苇桥被拆，便率军从那水浅的地方渡河，进入了焉耆国。又悄悄地前进到离焉耆国都只有20里的沼泽地带扎下大营。

焉耆王听到消息后不敢再在城中待下去，打算率领人马退入山里。有个在汉朝做过质子的左侯叫元孟，他很希望焉耆归顺汉朝，对焉耆王很不满意。得知焉耆王要进山自保的消息后，便秘密派人来通知班超。班超听完密报，却下令把那个派来的人杀了，表示不相信这件事。焉耆王听说了有人告密被班超杀死，心里又放心了许多，认为班超是信任自己的，不像是来打仗的。

倒是元孟给吓坏了，唯恐班超把他交给焉耆王，吓得他整天提心吊胆，真是度日如年。不久，班超给焉耆王写了一封信，约定某天要和焉耆王、尉犁王、危须王及其臣子们见面，还要当面赏赐礼物。焉耆王此时已对班超十分放心，便决定赴约。

　　只有他的宰相腹久和另外几个大臣私下里一商量，都认为班超不会轻易放过杀死陈睦的凶手，为保险起见，还是三十六计走为上。就这么着，腹久等人事先逃至了博斯腾海一带。危须王心里也不放心，事先西逃。那天到会的便少了危须王、腹久等十几个人。班超笑容满面地和到会的三十余人坐好。宴会刚开始，班超突然翻了脸，怒容满面地呵斥焉耆王广道："危须王为什么不来，腹久等人为何逃走？"焉耆王广和尉犁王泛一下就惊呆了，俩人你看看我，我看看你，吓得谁也说不出一句话

汉军大胜

来。其实这都是班超早已安排好的。

他一声令下，拔剑在手的武士一拥而上把这些人绑了起来，押送到当年陈睦被害的地方。班超设下祭坛，亲自主持，将焉耆王等30多人处斩，为当初惨死的汉朝两千多官兵祭奠。班超悲痛地说："陈都护及死去的两千官兵，班超不才，到今天才得以将杀害你们的凶手处死，以慰你们的在天英灵。"

处死这三十几人后，班超派人把首级送到了京城洛阳，报功请赏。随后，班超率军攻破了焉耆、尉犁和危

定远侯封地石碑

须三国。杀死了五千多敌人，活捉了10万多俘虏，还收缴了马、牛、羊等牲畜30多万头，这三个国家也归顺了汉朝。班超来到焉耆国都，问道："谁是元孟啊？"元孟来到班超跟前说："我就是。"班超打量了他一番，然后笑着说："我那次杀了你派的密使，让你受了惊恐，你一定会误解我，但那是以大局为重，不得已才这样做的。"接着，班超把自己原来的计划对元孟说了一遍，元孟这才明白过来。消除了恐惧之后不禁对班超的魄力和才能深感佩服。班超看到元孟是亲汉朝的，便立他为焉耆王。还另立了两个人当尉犁和危须两国的国王。此后半年，班超都留在焉耆国都，做安抚工作，并进一步稳定西域局势。

自从班超42岁出使鄯善国以来，他凭借自己非凡的才能和超人的胆识奋斗西域22年，终于将西域局势控制，使西域的50多个国家都归顺了汉朝。汉朝的威名也因此大震。东汉朝廷根据班超做出的成绩，在汉和帝永元七年（公元95年）为嘉奖班超，特封他为定远侯。

荣归故里

班超被封为定远侯后，并未因此骄傲起来，他仍旧勤勤恳恳地工作，为稳定西域继续努力。当时西方有个很强大的奴隶制国家——大秦，就是罗马帝国。它雄霸欧、亚、非三洲，和东方强大的封建制国家——东汉王朝，是当时世界上最强大的两个国家。大秦和汉朝那时还没有使者来往过，班超认为这是一件很遗憾的事情。于是在汉和帝永元九年（公元97年）派遣甘英出使大秦。

甘英是班超手下一个很精明强干的人。他从莎车附近的皮山向西

罗马帝国雄兵百万

南出发，经过几个月的旅行，甘英一行来到了波斯湾北岸的阿拉伯。甘英准备从这里走海路，绕过阿拉伯到达当时属于大秦的埃及。但是一个安息水手对甘英说："海洋太宽广了，航海的日程很难预料。如果运气好，顺风航行，走上三个月就可到达；但如果碰上狂风巨浪的话，在海上得漂泊两年多；所以航海的人都要预备好三年的粮食才能出发。还有，大海宽阔无边，海上既没景色，也难以遇上船只。在海上航行很枯燥，长时间下去，人们容易思念家乡，不习惯的人就会病死在海上。"

这段话实际上是毫无根据的，但甘英听了后，却终止了航海通使的计划。甘英为什么一听这话就退却了呢？是他胆小吗？不，不是。说起来很有意思。当时中国丝绸的最大出口国是大秦，但贸易并不是两国直接进行，

甘英出使大秦

而是通过安息（今伊朗）来转口的。安息人很会做生意，仗着他们国家位置的重要，将丝绸贸易垄断。中国的丝绸必须经过他们的手才能转卖给大秦。如果中国同大秦直接来往，那么他们就无法从中谋利了。所以他们千方百计防止中国同大秦来往。甘英因此才绕开安息走海上，但安息人听说后却派人去阻拦，对甘英说什么航海艰难等等。甘英听后明白自己就算上船硬往前走，安息人也不会让他到达大秦领地的。于是就取消计划，回到了班超那儿。

甘英出使大秦的目的虽然没达到，但他把沿路的中

安息古国巴姆城堡遗址

汉桓帝刘志

亚细亚各国的情况带了回来，这些都很有用。而且，他出使的消息也传到了大秦，于是大秦也努力向中国派出使者。终于，在汉桓帝延熹九年（公元166年），大秦派来的使者从海路到达了中国，促进了东西方文化的交流与发展。这些成就与班超的努力当然是分不开的。

光阴似箭，班超被封为定远侯也已经5年了。在这5年中，西域各国年年向汉朝进贡，百姓们也安居乐业。班超看到这些，心里自然很高兴。高兴之余，思乡之情油然而生。自己在西域奋斗数十年，一直都没机会回国看看。此时年事已高，再想驰骋疆场是不成了，只想能

再回国看看。

于是他就给皇帝写了一封奏疏，奏疏中这样写道："臣听说姜太公封在齐国，但他家五代人都归葬在周。狐狸死了要埋在原来的洞丘里，代地的马依恋北风。周地和齐国都在中国的土地上，相离不过千里；何况我远在西域，小人能没有依恋北风，埋在故丘的愿望吗？西域民族的习俗是怕壮欺老，臣班超牙已掉光，常常担心因年老，说不定哪天突然死去，把一个孤魂留在异国。当年苏武在匈奴19年，现在我有幸持着汉朝的节杖，带着汉印监护西域。如果我死在屯兵的地方，实在是没有什么可遗恨的，就怕后世有人会说我老死西域。我不敢指望能到酒泉郡，只希望能活着进玉门关。我已年老体衰，冒死胡言，现在派我的儿子班房带着安息国进贡的礼物入塞，趁着我还活着，让他看看中国的土地吧。"

班超写了这封奏疏后，一直没有收到皇帝的批复。他的妹妹班昭见此情景，不由得百感交集。她想起十年前，大哥班固，因窦家失宠受到牵连，竟被人公报私仇，屈死狱中；未完成的遗著只有由自己来补足。如今二哥虽然受封为侯，但为国效力，年逾古稀尚不得返回故里享几年清福。

于是她马上给皇帝写了一个奏疏请求让班超回国："我的同胞哥哥西域都护定远侯班超，侥幸立了一点小功受到皇帝重赏，封为定远侯，一年的俸禄有两千担。皇帝的天恩古今少有，实在让我们愧不敢当。班超原来出使西域，便立志要不惜个人性命，为国家立功，并以此鞭策自己。陈睦事变发生后，西域同汉朝的道路断绝了，班超只身一人，在西域辗转奔波，说服西域各国与我们修好。他借他们的士兵作战，每战必身先士卒，即使身体受伤，也不怕牺牲。全靠陛下的洪福保佑，才得以在西域中幸存下来，到现在已30年了。我们亲生骨肉分离多年，见面恐怕都不认识了。从前同班超一起去西域的人都已去世。班超活得最长，现在已70岁了。体衰有病，头发全白，两手不灵，耳聋眼花，得拄拐杖才能行走。虽然想竭尽全力来报答皇上的大恩，但人已到晚年，效劳的时间不长了。西域民族习惯于欺侮老人，而班超就像夕阳落山一样不久人世了，长时间不见代替他的人，恐怕那里会萌发奸恶的祸根，生出叛乱的念头。朝廷里的卿大夫们能思谋一切，对这件事却不肯从长远考虑，如果突然发生事变，班超已力不从心，便会上损国家长期的事业，下弃忠臣们奋斗的忠心，实在令人悲痛。所以班超很想从万里以外的地方归来，自己陈述苦衷和急切之情。他远远地伸着脖子盼望，到现在已经三年，但还未听到准许回乡的消息……"

　　这封奏疏写出了班超的心里话，更写明了班超奋斗

班超告老还乡

西域30年的艰辛和他老年的苦衷与愿望。当时22岁的汉和帝看后深受感动，便赶紧下令让班超回国。班超接到命令后，便收拾行装，准备回国。朝廷派当时担任戊校尉的任尚接替他西域都护。办完了移交手续，任尚对班超说："班都护在西域30多年，如今由我这个没本事的人接替您，我感到责任很重，而我自己的见识短浅，请您多加指导。"

班超说："我现在年纪大了，头脑不灵活了，任都护多次担当重任，哪里是我班超所能比的呢！实在不得已，愿意给您说几句很愚蠢的话。在塞外的官兵，本来就不是很正派的人，都是因为犯了罪才被迁徙和补充到边疆屯田的。而西域民族的心像鸟兽一样，难于顺从，容易反叛。你性情严厉急躁，要知道水清就没有大鱼了，你管得太严了，就得不到手下的拥护。简单容易的小事应少管，一般的小错要宽大处理，坚持大方针就可以了。"

　　班超离开后，任尚对自己的亲信说："我还以为班大人有什么绝妙的办法，从今天所说的来看，实在一般得很。"可这几句话是班超在西域多年总结出来的精华，也是他事业成功的诀窍，可是任尚却听不进去，最后终于

班超告别任尚

吃了苦头：接任刚四年，西域就大乱，他也被撤了职，这是后话。

班超回家心切，一路上日夜兼程，这一天终于来到了玉门关。望着"玉门关"这三个大字，他回头最后看了一眼西域，耳边又响起了"大丈夫就算没有别的志向……"的话语，在这里，他实现了自己的目标。"再见啦，"班超感慨地说，他想着自己在西域奋斗了30多年，把自己的全部精力都用在这偏远的地方，他想着自己再也不会回来了，又想着马上就要回到祖国，百感交集，他不禁老泪纵横。

汉和帝永元十四年（公元102年）八月，班超终于回到了阔别30多年的洛阳。朝廷又封班超为射声校尉（射声校尉：汉代中央官名。领导善射的卫士，直接听从皇帝指挥，其地位仅次于将军）。

从班超随窦固出征起，紧张生活30多年，按说应该好好休息，享享晚年的清福，但班超由于长年累月地在艰苦的环境中奔波劳碌，如今回到故土一松弛下来，反倒很不适应；此时由战伤引起的胸胁病发作，病倒在床。皇帝得知后又是派内监探问，又是派人送药，但终因医治无效，班超这位为祖国立了大功的英雄，于汉和帝永元十四年（公元102年）9月在家中逝世，终年71岁。朝廷念及他生前的功劳，除派人吊祭外，还馈赠了大批礼物，并令其长子班雄承袭父亲的封爵。

班超的名字是和汉朝在西域的事业联系在一起的。班超去世以后，他的子孙和西域又有哪些情况呢？任尚不听班超忠告，果然激起西域变故。朝廷见他无能，便撤了他的职，以段禧替代。段禧虽然很快平定了龟兹等国的反叛，但聚居在陇西的先零羌又叛乱了，断绝了长安通河西的交通。

这时班雄正担任屯骑校尉，接到圣旨，率五营兵进驻长安，并担任京兆尹。汉安帝永初元年（公元107年），西域又发生叛乱，班雄与三弟班勇（当时任军司马）一起出敦煌，迎回西域都护及官兵还朝，此后10余年间西域就没有汉朝的官兵驻屯了。后来班雄去世，他的儿子班始又承袭了封爵。班始娶了清河孝王的女儿阴城公主为妻。这位公主是汉顺帝的姑母，骄奢淫逸，竟然让丈夫伏在床下听她和情夫在床帐中胡作非为。班始怎能忍得下这口恶气？就在永建五年（公元130年）拔刀杀了公主。顺帝闻知后，勃然大怒，将班始腰斩，他的同胞兄弟姐妹全都杀头并弃尸街头。可怜班超的长子一支至此灭绝。

真正能继承父亲志向和作风的是小儿子班勇。班勇字宜僚，生在西域，长在西域，直到替父亲送告老还乡的表章才回到故土。再说北匈奴被逐出西域后，时时不忘卷土东来，只是害怕汉朝的势力，才没敢动兵。汉朝撤回驻西域的官兵后，北匈奴就占据了伊吾庐，重新役使西域诸国，并进而袭击河西。汉安帝元初六年（公元119年），敦煌太守曹宗经朝廷许可后，派长史索班率千余人出屯伊吾庐，鄯善王及车师前王受抚来降。但第二年匈奴即率车师后王攻杀索班，并将北道诸国重新占领。

鄯善王孤立无援，向曹宗求救。曹宗因此上书求"通西域，伐匈奴"；此时朝中大臣多主张放弃西域，幸亏班勇也参加了皇帝召开的会议，他力驳群臣，指出放弃西域，河西就失去了屏障，匈奴势力会步步蚕食；他历数事实，指出西域是可以安抚的；如果怕在西域耗费人力、物力，匈奴一旦入侵，只能造成更大的损失。

他还提出两条具体措施：一是在敦煌复置西域副校尉，率营兵300；二是派西域长史率500屯兵驻楼兰。可惜朝廷只采纳了第一项，所以河西仍不得安宁，多次受到匈奴与车师的侵入骚扰。

汉安帝延光二年（公元123年），朝臣张挡出任敦煌太守。他到了边塞才明白自己原来主张"闭玉门，绝西域"是错误的，转而支持曹宗及班勇的"屯田西域，击破匈奴"的方针。他的切身体会终于说服了反对派，安帝遂任命班勇为西域长史，率服刑士卒500人出屯柳中。班勇就以土地肥沃、地当要冲的柳中为根据地招抚西域

汉安帝刘祜

各国。半年以后，鄯善先降，班勇还亲到楼兰去抚慰。接着，龟兹、姑墨、温宿三国也相继来降，班勇便借他们的兵马在伊和谷击退占据车师前部的匈奴伊蠡王。

第二年夏天，班勇又发动敦煌、张掖、酒泉之郡的六千兵马及鄯善、疏勒、车师前部的军队共伐车师后部，杀敌八千，获畜五万，然后将生俘的后王使者及匈奴使者在索班遇难处斩首，为汉将报了仇。

顺帝永建元年（公元126年），班勇立车师后王子加特奴为王；又派将除掉东且弥王，另立新王，一举平定车师六国。当年冬天，班勇发动各国联合攻击匈奴呼延王，呼延王只身逃走，其部众二万余人投降。班勇为杜绝车师再投靠匈奴，特用"借刀杀人"的办法，命加特奴亲手将被俘的呼延王堂兄处斩，从此匈奴与车师果然结仇。匈奴单于听说这次惨败的消息后，竟率万余骑兵来攻班勇。班勇派假司马曹俊驰击，单于望风逃窜，呼延王遂放弃伊吾庐，徙居于枯梧河。从此西域没有了匈奴势力，河西也平安无事了。

此时，西域诸国只有焉耆王元孟还没有降服。永建二年（公元127年），班勇请求攻打焉耆，皇帝命敦煌太守张朗率河西四郡三千人马配合班勇。而班勇已经征得

班勇

西域诸国兵四万余人，遂与张朗分出南北两路，约期合围焉耆。那张朗原先有罪，一心要将功折罪，就不顾约定，抢先赶到焉耆，杀敌两千多人，迫使元孟求降，派了儿子到大汉纳贡。这样一来，张朗立了大功，得以免罪，班勇却被诬为迟到违反军令，被押解到京师，含冤入狱。后来虽然获释，终因郁郁不得志而死在家中。像班勇这样一个人才，仅用短短三年时间，就把一个乱糟糟的西域完全平定，最后竟遭此奇冤，足见皇帝的昏庸。后来的朝臣一味妥协，经营西域的官吏，也都是些外行。随着汉朝国势的衰微，更加无暇顾及西域，于是西域诸国纷纷独立，班氏父子两代英豪所惨淡经营的大业，就此凋零。不过，他们在开辟西域、沟通东西交流上所做的贡献，却会永垂青史！他们的雄才大略及献身精神，他们善于团结部下及各民族的作风及英勇善战的业绩也值得后人永远称颂！

中华爱国人物故事
ZHONGHUA AIGUO RENWU GUSHI